アメリカ2018年農業法

所得保障の引き上げ・強まる農場保護の動き

服部信司 著

農林統計協会

はしがき

2018 年 12 月、2019 年から 2023 年に至る 5 年間のアメリカ農業政策を規定する 2018 年農業法が成立した。

2018 年農業法は、これまでの所得保障の制度＝不足払いを維持・継続しつつ、所得保障の基準である目標価格を 15％引き上げることをポイントとしている。

すでに、トランプ政権は、2018 年には 120 億ドル（1 兆 3,200 億円）の大規模な農家への直接支払いを行い、さらに 2019 年 5 月にも、160 億ドルの直接支払いを行った。2 年続けて、年平均 140 億ドルの農家支援を行ったのである。

これは、2016－18 年平均の通常の所得補償（不足払い）：69.4 億ドルの 2 倍に当たる。巨額の農家支援は、穀物価格の低下→農業所得の大幅な低下を補おうとするものであった。

本書は、所得保障の引き上げを軸とするアメリカ 2018 年農業法の内容を明らかにするとともに、TPP と日 EU 経済連携協定の発効を踏まえた、日本農業の課題なども明確にする。

本書は、次の 12 章からなる。

第Ⅰ章　アメリカ 2018 年農業法－所得保障引き上げの措置を導入－
第Ⅱ章　米国で強まる農家保護の動き
第Ⅲ章　2017 年農業センサスにみるアメリカ農業の構造
第Ⅳ章　基本計画（日）と農業法（米）－日米農政比較と日本の課題－
第Ⅴ章　TPP・日 EU 経済連携協定の発効と日本農業の課題
第Ⅵ章　2016 年トランプ大統領の下、アメリカは TPP から離脱
第Ⅶ章　TPP11：合意凍結項目

読者が、アメリカの農業と農業政策、日本の基本計画や TPP・日 EU 経済連携協定の発効と日本農業の課題などを考えるうえで、本書がお役に立てれば、幸いである。

本書の準備・出版に当たっては、これまでと同様、農林統計協会の山本博氏に大変お世話になった。厚くお礼を申し述べたい。

2020 年 1 月 5 日

服部 信司

目　　次

第Ⅰ章　アメリカ 2018 年農業法
－所得保障引き上げの措置を導入－

1．はじめに

2018 年 12 月、2019 年から 2023 年に至る 5 年間のアメリカ農業政策のあり方を規定する 2018 年農業法が成立した。

2018 年農業法は、これまでの所得保障の制度（不足払い）を維持・継続しつつ、所得保障の基準＝目標価格の水準を維持・引き上げたことを特徴としている。2018 年農業法は、農業生産者の所得保障の体制を維持し、整えたのである。

まず、(1) 2012 年から 2018 年に至る過去 7 年間のアメリカ農業において所得保障の基準をなす目標価格がどのように機能したか、を検討し、(2) 目標価格を引き上げるために導入された措置など 2018 年農業法のポイントを明らかにしていく。

2．2010 年代のアメリカ農業と目標価格による所得保障

（1）2010 年代のトウモロコシと大豆の状況、その目標価格

表 I-1 は、トウモロコシの 2012－18 年における生産費 [1] と価格（農民受け取り価格)、表 I-2 は小麦、表 I-3 は大豆の生産費と価格を示す。

表 I-1 によれば、2012 年から 2014 年に至る 2010 年代前半の 3 年間、トウモロコシの価格（農民受け取り価格）は、生産費を上回り続けた。大豆も同様である（表 I-3)。2010 年台前半のコーンベルト（アイオワ、イリノイ、ミズーリ、オハイオ、インディアナ州：トウモロコシ・大豆の主産地）[2] を中心とするアメリカ中西部は、好況を享受していたのである。

そのことは、2011－13 年のアメリカ農業の実質総所得が 1,000 億ドル (11 兆円）を上回り続けていたことにも示される（表 I-4)。

表 I-1　アメリカのトウモロコシ：生産費と価格（ドル／ブッシェル[1)]）

	2012	2013	2014	2015	2016	2017	2018
生産費[2)]	5.53	4.33	4.05	4.04	3.68	3.58	3.69
価　格[3)]	6.92	5.69	4.17	3.78	3.60	3.62	3.42
目標価格[4)]	2.63	2.63	3.70	3.70	3.70	3.70	3.70

資料：USDA, ERS. Costs of Production, Aug. 2019.　WASDE (World Agricultural Supply and Demand Estimates, Dec. 2018.
注：1）トウモロコシ 1 ブッシェル＝25.4kg。
　　2）生 産 費：全算入生産費（自己所有地の地代分、自己労働の労賃分を含む）。
　　3）価　　格：農民受け取り価格。
　　4）目標価格：不足払いの基準（価格が目標価格に達しなければ、その差が政府から支払われる）。

表 I-2　アメリカの小麦：生産費と価格（ドル／ブッシェル[1)]）

	2012	2013	2014	2015	2016	2017	2018
生産費	6.86	8.00	8.54	7.76	5.90	7.37	7.16
価　格	7.54	6.86	5.89	5.08	4.40	4.40	5.14
目標価格	4.17	4.17	5.50	5.50	5.50	5.50	5.50

資料：表 I-1 と同じ。
注：1）小麦 1 ブッシェル＝27.215kg。

表 I-3　アメリカの大豆：生産費と価格（ドル／ブッシェル[1)]）

	2012	2013	2014	2015	2016	2017	2018
生産費	10.41	10.65	9.72	9.65	8.52	9.05	8.82
価　格	14.62	13.86	12.29	9.42	9.88	9.78	8.71
目標価格	6.00	6.00	8.40	8.40	8.40	8.40	8.40

資料：表 I-1 と同じ。
注：1）大豆 1 ブッシェル＝27.215kg。

表 I-4　アメリカ農業部門の実質所得（億ドル）

年	2008	2009	2010	2011	2012	2013	2014	2015	2016	2017
億ドル	892	706	865	1,248	1,040	1,313	964	839	627	632
指　数	100	79	97	140	117	147	108	94	70	71

資料：USA. Council of Economic Adviser, Economic Report of the President, Feb. 2018

これに対し、2015－16 年のトウモロコシの価格（3.78 ドル、3.60 ドル）は下落して、生産費（4.04、3.68）を下回り、2017 年の価格（3.62）は、生産費（3.58）をほんのわずか上回っているに過ぎない。

ただし、2016－18 年におけるトウモロコシ価格の下落（3.60、3.62、3.42 ドル）は、目標価格（3.70）によってカバーされている。2016・17 年は、目標価格を基準とする不足払いがトウモロコシについて行われ、それによってトウモロコシ生産者の所得がそれなりに保障されたのである（前掲表 I-1）。

他方、大豆の生産者販売価格は、2012－18 年の間（15 年と 18 年を除き）、ほぼ一貫して生産費を上回り続けていた（前掲表 I-3）。中国による年 9,000 万トンを超す大豆の大量輸入[3]により、この間、大豆価格は高水準を維持していたのである。

（2）2010 年代の小麦の状況、その目標価格

2012 年－14 年の小麦の価格は、目標価格を上回っていたが、2015－18 年の価格（5.08、4.40、4.40、5.14 ドル）は、目標価格（5.50）を下回っている。2015－18 年において、目標価格を基準とする不足払いが行われたのである。だが、小麦の目標価格の水準（5.50 ドル／ブッシェル）は、生産費（2015－18 年平均 : 7.04 ドル）の 78％にとどまっており、生産費の全てをカバーしうるものではない。

ただし、半乾燥地帯で作られる小麦[4]の場合には、水分が主要な生育条件であり、肥料などは副次的な要素にとどまる。小麦は休閑地方式によって 2 年分の雨量で作られる。小麦生産は粗放的であり、そのコストには、トウモロコシ・大豆に比べ、弾力性があることが留意されてよい。

3．2018 年農業法－目標価格・引き上げのメカニズムを導入－

（1）実効目標価格の導入

2018 年農業法の最大の特徴は、目標価格（reference[5] price）を引き上げるメカニズムを導入したことにある。

それが、実効目標価格（effective reference price）の設定である。これまでは、各農業法において農業法の期間 5 年間の目標価格の水準が決定されていた。直近の 2014 年農業法についていえば、2014 年→2018 年の 5 年間の

目標価格が、そこにおいて、決定されていたのである。すなわち、小麦の目標価格は2014－18年度を通し5.50ドル、トウモロコシは同3.70ドル、大豆8.40ドルであった。

これに対し、2018年農業法は、「直近5年間の販売価格（生産者の販売価格）をも考慮に入れ、翌年度の実効目標価格を設定する」としたのである。

すなわち、実効目標価格は、以下のA、Bのいずれか小さい方とされた（囲みI-1）。

A. 目標価格の115％

B. （1）目標価格（2014年農業法における）

（2）直近5年間のうちの最高と最低を除く3年間の生産者販売価格平均の85％

のうちのいずれか大きい方。

この方式によれば、実効目標価格は、目標価格と同じか、その水準を15％まで上回ることになる。

2018年農業法は、アメリカ農業の所得保障の基準である目標価格を引き上げるメカニズムを導入したのである。

2019年度について、実効目標価格を算定すると、小麦は5.50ドル／ブッシェル、トウモロコシ3.70ドル、大豆9.05ドルとなる（表I-5）。小麦とトウモロコシは現行目標価格と同じであるが、大豆は、目標価格を8％上回ることになる。引き上げのメカニズムが、作動し始めているといえよう。

囲みI-1　2018年農業法の実効目標価格（effective reference price）

A、Bいずれか小さい方

A. 目標価格の115％

B. （1）、（2）のうちの大きい方

（1）目標価格
（2）直近5年のうちの最高と最低を除く3年間の販売価格平均の85％。

資料：Agriculture Improvement Act of 2018.

注：1）5中3の販売価格平均の85％が、目標価格を上回った場合には、目標価格の115％以内においてその販売価格平均の85％が実効販売価格となる。

表 I-5　アメリカ：2019 年度・実効目標価格（ドル／ブッシェル）

	2018 年の目標価格	2018 年の目標価格の 115%	過去 5 年の販売価格のうち最高と最低を除く 3 年間平均の 85%	2019 年度の実効目標価格
小麦	5.50	6.33	4.35	5.50
トウモロコシ	3.70	4.26	3.27	3.70
大豆	8.40	9.66	9.05	9.05

資料：USDA, Agriculture Improvement Act of 2018

（2）実効目標価格（2019 年度）と 2017 年生産費との比較

実効目標価格の実質的な意味を知るために、2017 年の生産費と比較してみよう。表 I-6 がそれである。

これによれば、トウモロコシの実効目標価格 3.70 ドルは生産費 3.58 ドルの 103%、大豆の実効目標価格 9.05 ドルは生産費 9.05 ドルと同じである。

トウモロコシと大豆の実効目標価格は生産費をカバーしている。アメリカ農業の中軸作物＝トウモロコシと大豆については、目標価格（所得保障政策）は生産者の生産費をカバーし保障するという重要な役割を果たしているのである。

小麦の 2019 年度の実効目標価格 5.50 ドルは生産費（2017）7.37 ドルの 75%であり、生産費の 4 分の 3 しかカバーしえていないが、そこには、小麦生産の多くが粗放的な 2 年 1 作の休閑地方式で生産されているという事情があるとみられる。

表 I-6　実効目標価格（2019 年度）と生産費（2017 年）の比較

作　物	実効目標価格 (2019)（A）	生産費（2017） (B)	比較（%） (A／B)
小麦	5.50	7.37	75
トウモロコシ	3.70	3.58	103
大豆	9.05	9.05	100

資料：表 I-5 と同じ。

4．実効目標価格による所得保障（1）：価格損失補償

価格損失補償（Price Loss Coverage：PLC）は、2014 年農業法において導入された。2018 年農業法においても、それが引き続き所得保障政策として用いられているのである。

（1）価格損失補償の仕組み

その仕組みは、次のごとくである。

目標価格に販売価格（販売年度 12 か月間の全国平均価格）が達しない場合に、目標価格と販売価格との差について支払いが行われる。支払額は、（その差）×（支払単収）×（基準面積×0.85）。基準面積（Base Acre）とは支払対象面積（支払額を算定する際に用いる面積）のことである。

（2）農場の総基準面積のなかでの各基準面積の変更・再配分

2013 年までの基準面積は、「1998－2001 年の作付面積の平均」、または「1991－95 年の作付面積の平均」のうち、生産者が選択した方の面積であった。それを、2014 年農業法は、農場の総基準面積の枠内で、“これまでの基準面積と 2009－12 年の平均作付面積のうち、生産者が選択する方”に変更しうる、とした。すなわち、農場の各作物の基準面積を再配分し得るとしたのである。農場の総基準面積を変更しないという枠内において、各作物の基準面積を直近の作付面積に変更しうる＝各作物の基準面積を再配分し得る、としたわけである。

これによって、2014 年に変更が必要な農場において、基準面積の変更が行われた。2018 年農業法の政策も、この基準面積に基づいている。

5．実効目標価格による所得保障（2）：収入保障（ARC）

収入保障（Agriculture Risk Coverage：ARC）も 2014 年農業法において導入された。それが、2018 年農業法においても、引き続き所得保障政策として用いられているのである。

（1）カウンティベースか、農場ベースか、を選ぶ

収入保障を選択する場合には、カウンティ（郡）ベースの収入保障（カウンティARC）とするのか。個別農場をベースとする収入保障（農場ARC、または、個別ARC）とするかを選択する。ただし、農場ベースの収入保障とする場合には、農場の全作物を収入保障とする。その場合には、価格損失補償はオプションとならない。

（2）カウンティARCの場合

当年のカウンティの「作物収入額」〔(カウンティの平均単収）×（年度平均の全国販売価格)〕が、「基準収入額の 86％」よりも少ない場合に、その差の支払いが行われる。

基準収入額は、(カウンティの5年オリンピック平均単収）×（5年オリンピック平均全国販売価格)。ここで、“オリンピック平均”とは「最低と最高の年を除く中庸年の平均」のことである。

保障の幅は 10％。当年の作物収入額が基準収入額の 76％まで低下しても、基準収入額の86％が保障されるわけである。75％以下は、生産者が加入する作物保険でカバーするという前提に立っている。

なお、全国平均価格が目標価格よりも低い場合には、全国平均販売価格の代わりに、目標価格が用いられる。収入保障においても、目標価格が最低保証価格（＝セーフティネット）の役割を担っているのである。

対象面積は基準面積の 85％。基準面積の 85％に対して支払いが行われることになる。

（3）農場ARCの場合

農場の生産している各作物の収入（「作物の生産量」×「販売年度・全国平均価格」）の総計額が、各作物の基準収入額（各年度の収入額の5年オリンピック平均額）の総計の 86％を下回った場合に、その差の支払いが行われる。

保障の幅は、カウンティベースの場合と同様、10％。当年の収入額の総計が基準収入額総計の 76％まで低下しても、基準収入額総計の 86％が保

障されるわけである。

全国平均販売価格が目標価格を下回った場合には、目標価格が用いられる。

対象面積は基準面積の 65％。カウンティベースの 85％よりも少ない。カウンティベースの場合には、個々の農場の単収は平準化されてカウンティの平均単収となるが、農場ベースの場合には、カウンティ平均からの乖離が発生し、支払いがカウンティベースの場合よりも増大するから、対象面積を引き下げているのである。

ただし、2014 年農業法下において、農場 ARC を選択した生産者は極めて少なかった。

6．2018 年農業法の特徴

以上のように、2018 年農業法は、2014 年農業法の所得保障政策：価格損失補償と収入保障を維持しつつ、目標価格を引き上げるメカニズムを導入している。それは、2014 年農業法下の 5 年間（2014－18）において、価格損失補償と収入保障がともにアメリカ農業に適合した政策であったことを示すものである。その上に、所得保障の基準である目標価格を引き上げるメカニズムが設定されたのである。

7．価格損失補償と収入保障への参加率（2014 年農業法下）

2014 年農業法下における 2014－18 年の 5 年間における価格損失補償・収入保障への参加率（作付面積ベース）を示したのが、表 I-7 である。

これによれば、参加率は、トウモロコシ・大豆（コーンベルト）、小麦（大平原地帯）、コメ・落花生（南部）に 3 分されている。

トウモロコシ・大豆は、収入保障が圧倒的に多い。大豆 97％、トウモロコシ 93％である。実効目標価格の算定に用いられる過去 5 年間の販売価格の中に、目標価格を上回る高価格の時期が 3 年間も含まれているからである。

これは、2014 年農業法の策定時から予想された事態であった。トウモロ

表Ⅰ-7　作物別：価格損失補償・収入保障への2014－18年5年間の参加率

（単位：％）

作　物	収入保障（ARC）	価格損失補償（PLC）
小麦	56	42
トウモロコシ	93	7
大豆	97	3
コメ	0.2	99.8
落花生	0.3	99.7
全　体	77	23

資料：American Farm Bureau Federation, Reviewing Potential PLC Payments. 原拠 USDA/ERS.

コシ・大豆の作物収入保険への参加率は極めて高く（トウモロコシ91％、大豆90％。2013年）、収入保障がカバーしない「基準収入の75％以下」については作物収入保険がカバーしうる体制が整っているからである。

これに対し、コメ・落花生の南部作物は、そのほとんど全てが価格損失補償（不足払い）に参加した。

これも、2014年農業法の策定段階において予測されていた事態であった。コメの作物収入保険への参加率は低く（38％、2013年）、落花生の場合には収入保険自体が設定されていないからである。

小麦は、トウモロコシ・大豆とコメ・落花生の中間にある。基準面積での参加率は、収入保障56％、価格損失補償42％で、収入保障がやや多いが、両者は半々に近い。

小麦の主作地帯（大平原地帯：北ダコタ、南ダコタ、カンサス、オクラホマ、テキサス北部）の東部地域では大豆と小麦の二毛作が進み、大豆→収入保障を軸に、小麦についても収入保障への参加農家が生まれたと考えられる。

半乾燥地帯である大平原地帯西部の伝統的な「小麦単作＋子牛」生産の場合には、価格損失補償を選択したとみられる。小麦の価格の変動幅は大きく、価格下落時には、固定した目標価格を基準にする価格損失補償の方が、変動する市場価格の5中3を基準にする収入保障よりも、リスク管理に適していると判断されたのである。

8．価格損失補償の支払単価と価格損失補償・収入保障への支出

2017 年度の価格損失補償の支払単価（目標価格－2017 年度平均価格：5.50－4.72）は、0.78 ドル／ブッシェルである（表 I-8）。

価格損失補償・収入保障を中心とする 2017 年度の作物別純支出額は、トウモロコシを中心とする飼料穀物が 45.5 億ドル（総計の 56%）、小麦 11.0 億ドル（13.5%）、大豆 11.3 億ドル（13.9%）となっている（表 I-9）。トウモロコシ－飼料穀物の支出額が圧倒的に大きいのは、それらの生産量が極めて大きいからである。

また、価格損失補償と収入保障への支出額は、2017 年度 79.5 億ドル、2018 年度 75.6 億ドル（2019 年 2 月時点での推定）となっている（表 I-10）。いずれも、発足時 2016 年度に比べ、5 割近い増大になっている。これらの政

表 I-8　小麦：価格損失補償の支払単価（2017 年度）

項　目	ドル／ブッシェル
目標価格	5.50
融資単価	2.94
販売年度平均価格	4.72
融資単価と平均価格のうちの高い方	4.72
支払単価	0.78=(5.50－4.72)

資料：USDA, agfax, 2019.2/19.

表 I-9　アメリカ：穀作物ごとの支出額（2016－19 年度[1]）

（単位：億ドル）

品目	2016		2017		2018		2019[2]	
飼料穀物	38.3	(59.5%)	45.5	(56.0%)	34.6	(45.7%)	16.8	(10.7%)
小麦	7.6	(11.8%)	11.0	(13.5%)	19.5	(25.7%)	14.9	(9.5%)
大豆	3.3	(5.1%)	11.3	(13.9%)	2.2	(2.9%)	82.2	(52.5%)
綿花	7.0	(10.9%)			2.9	(4.0%)	7.5	(4.8%)
落花生	3.2	(5.0%)	5.5	(6.8%)	6.8	(9.0%)	2.9	(1.9%)
コメ	4.0	(6.2%)	5.4	(6.6%)	8.3	(10.9%)	5.7	(3.6%)
牛乳							2.8	(1.8%)
その他	1.0	(1.5%)	2.6	(3.2%)	1.3	(1.7%)	23.7	(15.2%)
Total	64.4	(100%)	81.3	(100%)	75.6	(100%)	156.5	(100%)

資料：USDA, Budget Summary FY2020, Feb. 2020. P.19, Feb.2019, p.18, Feb. 2018, 9.18

注：1）財政年度：前年 10 月→翌年 9 月

2）推定（2019 年 2 月時点）

表Ⅰ-10　価格損失補償（PLC）・収入保障（ARC）への支出

年度	億ドル	指数
2016	53.1	100
2017	79.5	150
2018	75.6 1)	142

資料：USDA/ERS
注：1）推定（2019年2月時点）

策は、今や農務省の中心政策になっているのである。

ちなみに、それらは、農務省における作物への全支出額の各70％、67％を占めている[6)]。

9．販売支援融資＝価格支持の水準

アメリカ農業には、目標価格を基準にする所得保障制度とは別に、融資単価を基準とする価格支持制度がある。価格が、融資単価以下に下落しないように、支えられるわけである。目標価格を補完する制度といっていい。

それは、以下のごとくである。

1．生産者は、収穫時に作物を担保にして、一定の価格（融資単価：ローンレイト）で期限9か月間の融資を得られる。担保作物は、農場にそのままにしておくことができる。

2．期限内に担保作物を市場に売却して融資を返済するか。あるいは、市場で売らずに、担保流しとして返済するかは、生産者の選択となっている。

3．市場価格が融資単価を下回れば、生産者は担保流し（政府への最終的な引き渡し）を選択するから、市場価格は、融資単価のレベルで支えられることになる（囲みⅠ-2）。

この制度は、大恐慌下の1933年に価格の暴落に対処する手段として導入され、以降85年間、アメリカ農政の中軸の1つとして用い続けられている[7)]。この方策が、価格支持の手法として有効であったからである。

2018年農業法において、小麦の融資単価は、これまでの2.94ドル／ブッ

囲み I-2　販売支援融資（価格支持制度）

1．アメリカ農務省による価格支持のための融資制度。1933 年に導入。

2．生産者は、作物を担保にして、一定の価格（融資単価：ローンレイト）で期限 9 カ月間の融資を得られる。担保作物は、農場にそのままにしておくことができる。

3．期限内に担保作物を市場に売却して融資を返済するか。あるいは、市場で売らずに、担保流しとして返済するかは、生産者の選択となっている。

4．市場価格が融資単価を下回れば、生産者は、担保流し（政府への最終的な引き渡し）を選択するから、結局、市場価格は、融資単価のレベルで支えられることになる。

シェルから 3.38 ドルへと 0.44 ドル（15%）引き上げられ、トウモロコシの融資単価は、1.95 ドルから 2.2 ドルへと 0.25 ドル（13%）引き上げられた（表 I-11）。目標価格の引き上げに対応し、融資単価も引き上げられたのである。

引き上げられたトウモロコシの融資単価 2.2 ドルは、2017 年のトウモロコシ販売価格 3.62 ドルの 61%であり、小麦の融資単価 3.38 ドルは、2017 年の小麦販売価格 4.4 ドルの 77%であるから、いずれの融資単価も、今のところ、小麦とトウモロコシの市場価格に影響を与えうるものではない。

現状では、引き上げられた融資単価は、収穫時に、生産者が作物を担保にして政府から借り入れる際の作物担保価格である。

これが引き上げられたのである。生産者が得られる融資額が引き上げられたわけである。融資単価の引き上げは、現状の市場価格の下では市場価格に直接影響するものではないが、今後の市場価格にとって、その底値の一定の上昇を意味するものではあるといえよう。

ここに、政策ごとの農務省の支出額をまとめておこう（表 I-12）。

10．酪農政策：2014 年農業法を引き継ぐ

2018 年農業法の酪農政策は、基本的に、2014 年農業法の内容を引き継いでいる。

2014 年農業法の酪農政策＝酪農マージン保護計画（MPP）は、2018 年農業法において、酪農マージン保障計画（DMC）へと名称を変えた。すなわ

表Ⅰ-11　融資単価[1]：2014年農業法と2018年農業法

品　目	単　位	2014年農業法 2014-18年	2018年農業法 2019-23年
小麦	ドル／ブッシェル	2.94	3.38
トウモロコシ	〃	1.95	2.20
大豆	〃	5.00	6.20
ソルガム	〃	1.95	2.20
大麦	〃	1.85	2.50
燕麦	〃	1.33	2.00
高地綿	セント／ポンド	過去2年の調整 世界価格の平均[2]	同右
超長繊維綿	〃	79.77	80.95
コメ	ドル／100ポンド	6.50	7.00
その他の油糧種子	〃	10.09	10.09
落花生	ドル／トン	355	355
乾燥えんどう豆	ドル／100ポンド	5.40	6.15
ひら豆	〃	11.28	13.00
小さいヒヨコマメ	〃	7.43	10.00
大きいヒヨコマメ	〃	11.28	14.00
等級のついた羊毛	ドル／ポンド	1.15	1.15
等級のつかない羊毛	〃	0.40	0.40
モヘア	〃	4.20	4.20
蜂蜜	〃	0.69	0.69

資料：The Agricultural Act of 2014.　Agriculture Improvement Act of 2018.
注：1）価格支持水準。
2）0.45ドル／ポンド以上、0.52ドル／ポンド以下（前年の98％以上）。

表Ⅰ-12　政策ごとの農務省の支出額（2015－19年度）

（単位：億ドル、％）

年　度	2015	2016	2017	2018	2019[1]
価格損失補償・収入保障	1.7　(0.1)	53.1 (4.2)	79.5 (6.2)	71.1 (5.2)	34.4 (2.2)
酪農マージン保障	/	0.1	/	2.3 (0.2)	10.7 (0.7)
保全留保計画	17.4 (1.3)	18.2 (1.4)	18.8 (1.5)	19.5 (1.4)	20.9 (1.3)
栄養支援補充	81.8 (58.8)	808　(63.6)	785　(61.3)	740　(54.0)	734　(47.1)
災害対策	26.6	5.3 (0.4)	4　(0.3)	/	
作物保険	78.5	49.4 (39.0)	51.7 (4.0)	65.5 (4.8)	94.9 (6.1)
農務省全体	1,390　(100)	1,270　(100)	1,280　(100)	1,370　(100)	1,560　(100)

注：1）農務省の推定（2019年9月時点）

ち、2014年農業法の酪農政策が、2018年農業法に引き継がれたのであり、名称だけが変わったのである。

そこで、2014年農業法における酪農政策を見ておこう。

（1）2014年農業法における酪農政策＝酪農マージン保護計画

2014 年農業法の前＝2008 年農業法における酪農所得損失補償は、所得保障の対象者を大幅に限定していた 2002 年酪農市場喪失補償を修正し、①飼料コストが7.35ドル／100ポンド（1,947円／100kg）を超えた場合、その超えた割合に応じて、基準の目標価格（16.94ドル）を引き上げる、②対象量を298.5万ポンド（1,350トン：搾乳牛170－175頭に相当）とし、それまでよりも24％引き上げる、とした。

だが、対象数量を24％拡大したとはいえ、その総対象数量は全牛乳生産量の 30％にとどまった。大規模層の生産した牛乳は一部しかカバーされず、大規模経営体は不満であった。

（2）2014年・酪農マージン保護計画－数量限定を外し、大規模経営を全面的に対象に－

2014年農業法は、それまでの価格支持・酪農輸出補助金を廃止し、酪農所得損失補償に代えて、酪農マージン保護計画を導入するとともに、その対象を全生産者の全ての牛乳とする、とした。アメリカの酪農政策は、それまでの中小規模層の牛乳生産を主たる対象とする所得補償政策から、大規模層の牛乳生産を含めて全牛乳生産を対象とする酪農マージン保護計画に代わったのである。

（3）2018年農業法における酪農政策＝酪農マージン保障計画（DMC）

酪農マージン保障計画では、酪農マージンの保障水準が、4 ドル／100ポンド（45.2 kg）から9.5ドルへと0.5ドル刻みで設定され（表I-13）、生産量に乗じる保障率（カバー率）も 25％から 90％へと 5％刻みで設定されている。

表Ⅰ-13　保障水準別の年掛け金：酪農マージン保障計画（DMC：2018年農業法）と酪農マージン保護計画（MPP：2014年農業法）の比較（セント／100ポンド[2]）

保証水準	乳量実績年500万ポンド[1] 以内				乳量実績年500万ポンド以上			
	2014年農業法		2018年農業法		2014年農業法		2018年農業法	
	セント	比較	セント	比較	セント	比較	セント	比較
4ドル	無料		無料		無料		無料	
4.5	無料		0.25		2	100	0.25	12.5
5.0	無料		0.5		4	100	0.5	12.5
5.5	0.9	100	3	333	10	100	10	100
6.0	1.6	100	5	313	15.5	100	31	200
6.5	4	100	7	175	29	100	65	224
7.0	6.3	100	8	127	83	100	110.7	133
7.5	8.7	100	9	103	10.6	100	141.3	133
8.0	14.2	100	10	70	13.6	100	181.3	133
8.5	なし		10.5					
9.0	なし		11					
9.5	なし		15					

資料：USDA, Dairy Margin Coverage Program, June 2019,p.2.
American Farm Bureau Federation, Reviewing Dairy Margin Coverage, Sept. 19.
注：1）乳量年500万ポンドは乳牛215頭分に相当。
2）100ポンド＝45.3 kg

2か月間の平均マージン（全国平均牛乳販売価格－全国平均飼料コスト）が、保障水準を下回った場合、支払いを受けられる。

支払額は、〔(保障水準) － (2か月間の平均マージン)〕×（保障率）×〔(過去3年間のうちの最高の生産量）×（1/6）、または、(直近2か月間の生産数量)のうち、少ない方〕となる。2か月間が単位だから、6分の1を乗じるわけである。

政府に支払う管理料は、1業者100ドル。保障水準に応じた年掛け金は、表Ⅰ-13のごとくである。生産量の大きな事業所の方が、掛け金は高く設定されている。

2015年の実績で見ると、マージン4ドルの保護水準に参加経営体の44％、参加乳量の62％が参加していた[8]。参加1経営体平均の基準生産量は3,640トン。大規模経営体を含め、多くの生産者が、掛け金ゼロの最低

表 I-14　酪農マージン保障（DMC）計画への参加経営体（2019 年、9 月 2 日現在）

農業地帯	州	生産実績のある酪農経営（A）	DMC 参加経営（B）	%（B/A）
コーンベルト	ミズーリ	596	354	59.4
	イリノイ	553	412	74.5
	アイオワ	974	719	73.8
	オハイオ	1,084	742	68.5
五大湖	ミネソタ	2,765	1,985	71.2
	ウィスコンシン	6,700	5,028	75.0
	ミシガン	1,133	742	66.3
東北区	ニューヨーク	2,723	1,885	69.3
	ペンシルベニア	2,490	1,615	64.9
	バージニア	387	264	68.2
	メリーランド	242	170	70.3
太平洋岸	カリフォルニア	1,227	711	58.0
全　体		26,832	18,230	67.9

資料：USDA, 2019 Dairy Margin Coverage Program, Enrollment Report by State, Sept.2, 2019.

マージン 4 ドルの保護計画に入っていたのである。

地域的にみると、酪農が盛んな中西部のコーンベルト、五大湖地帯が高く、東北区が続いている（表 I-14）。

（4）アメリカ酪農の現状と酪農マージン

2018 年初めから 2019 年 6 月に至る 1 年半の間、酪農マージン〔(牛乳・全国販売売価格) －（全国平均飼料コスト)〕は、マイナスである。この 1 年半、アメリカ酪農は、苦境に陥っていたといえよう。

2017 年の酪農マージンは、マイナス 2.9 ドル／100 ポンド (45.3 kg)、2018 年はマイナス 5.41 ドルであった（表 I-15）。すでに、2019 年 9 月において、

表 I-15　酪農マージン（2017、2018 年）

年	生産費（A）	農場販売価格（B）	差（B－A）
2017	20.53	17.63	－2.90
2018	21.66	16.25	－5.41

資料：CLAL, Food Gate Milk Price, USDA, Milk Costs and Returns, Sept. 2019.

酪農マージン保障計画への参加経営体が68％に達した（前掲表I-14）のは、その苦境への対応であるといえよう。

11．保全留保計画（Conservation Reserve Program：CRP）の維持

（1）制度

土地所有者あるいは経営者との間のリース契約によって、10－15年間、土地を生産から外して、土壌浸食を削減し、水質の改善を行い、野生動植物の生息環境を維持するために、永続的な被覆作物（牧草、樹木など）を植える。申請について、環境便益指数（EBI、表I-16）に基づいて指数化された数値を、全国一律でランク化し、その順位で登録者を決定する。政府の支払う賃料は、農場の所在するカウンティ（郡）の平均賃料に基づく。

保全留保計画は、それが設定された1986年農業法以降、長い間、アメリカの土壌保全を支えてきた。

2018年農業法は、この保全留保計画を引き続き維持する。

表I-16　環境便益指数（EBI）

項　目	指　数
野生動植物環境への便益	0－100
水質への便益	0－100
土壌侵食の防止	0－100
大気の質への便益	0－ 45
便益の持続性	0－ 50
小　計	0－395
コスト	0－150
総　計	0－545

（2）登録上限面積

2018年農業法は、登録上限面積を2,400万エーカ（960万ha）から2,700万エーカ（1,080万ha）に引き上げた。これは、市場の悪化＝価格低下への対応であろう。

2018年のCRPへの支出額は19.5億ドル（表I-17）、農務省全体の支出額

表I-17　保全留保計画（CRP[1]）への支出額（2016－19年）

年	2016	2017	2018	2019[2]
保全留保計画	18.2 (1.4)	18.8 (1.5)	19.5 (1.4)	20.9 (1.3)
農務省・総額	1,270 (100)	1,280 (100)	1,370 (100)	1,560 (100)

資料：USDA, Budget Summary, FY2020, p.19,　FY2019, p.18, FY2018, 9.15.
注：1）2017年末、2,340万エーカ（936万ha）登録。日本の耕地452万haの2.1倍。
このうち、250万エーカ（10.7％）が2017年末に解除。さらに150万エーカ（6.4％）が2018年末に解除。
2）農務省推定(2019年9月時点)

1,370億ドルの1.4％に当たる。

12．低所得層への食料補助（SNAP）

（１）アメリカの食料支援の経緯：フードスタンプから栄養支援補充計画（SNAP）へ

アメリカには、低所得層への食料支援政策がある。アメリカ農務省が所管する栄養支援補充計画（Supplemental Nutrition Assistance Program : SNAP。以下、SNAP）が、それである。

SNAPの前身は、フードスタンプ計画（Food Stamp Program：以下、フードスタンプ）であった。

フードスタンプは、食料品の購入に用い得る金券（Stamp）であり、1964年にジョンソン大統領の下で、Food Stamp法によって生まれた。

当初、1966年の参加者は100万人であったが、71年1,000万人、76年1,850万人へと増大。76年までは、受給者は、フードスタンプを購入する義務があったが、1977年に購入義務を廃止した。1990年には、フードスタンプ券の交付に代えて、デビットカードの一種であるEBT（Electric Benefits Transfer）カードへの振り込みによる交付を始めた。

2000年には、フードスタンプの執行組織である州に、EBTシステムの使用を義務付け、電子フードスタンプが、全国スタンダードになった[9]。

2008年には、参加者は2,820万人となり、2008年農業法（The Food, Conservation, and Energy Act of 2008）において、フードスタンプからSNAPへの名称変更が行われ、今日に至っている。

（2）受給資格者

フードスタンプの支給対象者は、貧困ライン（Poverty Level：家族数に応じた所得レベルを毎年政府が発表）130％以下、流動資産2,250ドル以下（教育・引退用の貯蓄は除く）の家族である。13％とするのは、対象者の基準に一定の余裕を与えるためである。

2018年の貧困ライン130％は、家族2人月額1,784ドル（19.6万円）、家族4人同2,720ドル（29.9万円）となっている（表Ⅰ-18）。家族2人で、月19.6万円というのは、日本においても厳しい水準といえよう。

表Ⅰ-18　栄養支援補充計画（SNAP）受給要件：
所得月額＝貧困ラインの130％（2019年度）

世帯人員数	貧困ラインの130％（ドル）	全国ラインの130％（万円）
1	1,316	14.5
2	1,784	19.6
3	2.252	24.8
4	2,720	29.9
5	3,188	35.1
6	3,656	40.2
7	4,124	45.4
8	4,592	50.5

資料：USDA, Household Food Security in the United States in 2018, p.13.

（3）受給者数

2018年の受給者数は3,971万人（表Ⅰ-19）。2013年4,764万人にくらべると17％減っている。

この間、雇用人口が増大し〔民間雇用人口：2013年1億4,393万人→2017年1億5,334万人。941万人（6.5％）増〕、失業率が低下（同7.4％→4.4％）したからである。

ただし、SNAP受給者3,971万人は、アメリカの全人口の12.1％である。およそアメリカ人の8人に1人がSNAPを受給していることになる。その比率はなお高いことにも留意する必要がある。

表 I-19　栄養支援補充計画（SNAP）：
参加者・1 人当たり支給額・支給総額

年	参加者数（万人）	全人口中の割合（%）	1 人当たり月額（ドル）	支給総額（億ドル）
2013 1)	4,764 (100%)	15.1	133	761 (100%)
2015	4,577	14.3	127	696
2016	4,422	13.7	125	665
2017	4,223	13.0	126	637
2018	3,971 (83%)	12.1	127	604 (79%)

資料：USDA, A Short History of SNAP, Sept. 2018.
Worldmeters, Sept.23, 2019.
注：1）2013 年の参加者 4,764 万人、支給総額 761 億ドルが SNAP 史上のピーク年。

（4）1 人当たり受給額

SNAP の 1 人当たり受給額は、2018 年で月額 127 ドル、年 1,524 ドル（16 万 7,640 円）となっている（表 I-19）。2 人家族で年 3,048 ドル（33 万 5,280 円）、4 人家族で 6,048 ドル（66 万 5,280 円）となる。

（5）財政支出額

2018 年度の SNAP の財政支出額は 740 億ドル（8 兆 1,400 億円）、農務省全体の支出額 1,370 億ドル（15 兆 700 億円）の 54%に当たる（表 I-20）。食料・栄養サービス全体では 1,053 億ドル（11 兆 5,830 億円）、農務省総支出額の 76%に及ぶ。財政面からみれば、アメリカ農務省は住民への栄養サービスを提供する省になっているわけである。

表 I-20　栄養支援補充計画（SNAP）への支出額

（単位：億ドル、%）

	2018		2019	
	億ドル	%	億ドル	%
栄養支援補充計画	740	54.0	734	47.1
食料・栄養サービス	1,053	76.3	1,034	66.3
農務省	1,370	100	1,560	100

資料：USDA, Budget Summary FY2000, pp.2, 44.

注

1) 生産費は、全算入生産費であり、自己所有地の地代分、自己労働の労賃分も算入されている。生産者にとっては、それが実現されれば望ましい価格。
2) コーンベルトにおいて、トウモロコシと大豆は輪作で作られる。
3) 中国の大豆輸入量は、2016／17年度9,350万トン、2017／18年度9,410万トンで群を抜いている。第2位の大豆輸入国・地域はEUで、両年度平均で1,460万トン。USDA／ERS、WASDE、Feb. 2019, 9. 28.
4) 小麦地帯は、雨量の少ない半乾燥地帯｛ミシシッピー川からロッキー山脈に至る間の大平原地帯（Great Plain)｝に展開する。ここでは、2年分の雨量で作物を作る休閑地方式で小麦生産が行われている。詳しくは、服部信司『アメリカ農業・政策史』（農林統計協会、2010年）第Ⅰ章を見られたい。
5) reference priceは、直訳すれば、参照価格であるが、その実質的な意味はこれまでのtarget price目標価格と同じである。したがって、実質的な意味を重視し、目標価格とする。
6) USDA, FY2019 Budget Summary, Feb. 2018, p.17.
7) 価格支持は、1950年代までは、高価格支持による所得保証政策として、1970年代以降は、目標価格に基づく所得保証のもとで、最低販売価格を支持する価格支持政策として行われて来た。
8) 服部信司『アメリカ2014年農業法』農林統計協会、2016年、p.79。
9) USDA, A Short History of SNAP, 2019.

第Ⅱ章　米国で強まる農家保護の動き

1．2年連続の農家直接支援の実施

2019年5月、トランプ大統領は、アメリカの農家に対し、160億ドル（1ドル＝110円として、1兆7,600億円）の農家直接支援を発表した。前（2018）年には120億ドル（1兆3,200億円）の農家支援を実施しているから、2年連続の大規模な農家支援を実施したことになる（表II-1）。

アメリカの農業保護政策の中心は不足払いである。目標価格を基準とし、農家の販売価格がそこに達しない場合には、その差が不足払いとして支給される。現在（2018年農業法）のトウモロコシと大豆の目標価格は、生産費とほぼ同じであり、小麦の場合は生産費の約4分の3となっている。小麦の生産は、雨量の少ない半乾燥地帯で2年分の雨量による休閑地方式で行われているから、生産コストに柔軟性がある。

2年連続の直接支払いは、通常の保護政策（不足払い）とは異なり、その上に上積みされるものである。

表II-1　アメリカの直接農場支援（2018、2019年）

年	億ドル	億円（1ドル＝110円）
2018	120	1兆3,200
2019年5月	160	1兆7,600
合　計	280	3兆　800

2．農業所得は5年前に比べ28％減

2016－18年平均の通常の価格－所得補償額は、年平均69.4億ドル。これと農家支援の直接支払い（年平均140億ドル）を比較すると、農家支援の

表II-2　アメリカ農業：1農場当たり農業現金所得と農業部門の負債額

	2012－14年平均	2017－19年平均
平均農業現金所得（1,000ドル）	51.0 (100)	36.6 (72)
	2013年	2018年
農業部門の負債（億ドル）	3,452 (100)	4,108 (119)
負債／資産比率（%）	11.7	13.5

資料：USDA, Farm-Level Average Net Cash Income, March 6, 2019, p.19.

直接支払いは、通常の所得補償の2倍になる。緊急の農家直接支払いが、いかに大きいかが分かる。

ところで、こうした農家への直接支払いを加えた2017－19年平均の全農場平均の農業現金所得は、1農場当たり3万6,600ドル（403万円）。5年前の2012－14年の平均5万1,000ドル（561万円）から28%も減少している（表II-2）。農業現金所得の減少幅は、極めて大きい。

このアメリカの農業現金所得の大幅減少は、穀物価格の低下の結果である。トウモロコシ価格は、2011－2013年平均の6.47ドル／ブッシェルから2016－2018年平均3.65ドルへと44%下がり、小麦も同7.18ドルから4.59ドルへと36%、大豆は同13.89ドル→9.87ドルへと33%下落しているのである。

3．穀物価格低下の背景：米中貿易摩擦と競争国からの競争圧力

こうした価格の大幅な低下の背景の1つは、中国との貿易摩擦＝米中両国による関税の引き上げ合戦や中国の米国農産物への輸入抑制などの結果として、米国から中国への農産物輸出が激減したことである。米国から中国への農産物輸出額は、2016年の214億ドル（2兆3,540億円）から2018年91億ドル（1兆10億円）へと実に6割近くも激減した（表II-3）。この中国への輸出減が穀物価格の低下を引き起こした。

それだけではない。多くの穀物・大豆輸出国からの輸出競争圧力がある。

表II-4のように、小麦輸出において、トップはロシアであり、世界輸出シェアの20.6%を占める。米国は第2位で世界シェアの14.7%。さらに、

表Ⅱ-3　アメリカの対中国・農産物輸出額

（単位：億ドル、カッコ内は％）

2016	2018
214 (100)	91 (43)

注：1）中国：アメリカの対中国追加関税に対し、アメリカからの農産物の輸入を制限。

表Ⅱ-4　小麦・トウモロコシ・大豆：主要国の輸出量（2018／19年度）

（単位：万トン、カッコ内は％）

国	小麦	トウモロコシ	大豆
アメリカ	2,550 (14.7)	5,330 (30.2)	4,630 (31.3)
ブラジル		3,700 (21.0)	7,690 (51.9)
アルゼンチン		3,600 (20.4)	780 (5.2)
ウクライナ		2,950 (16.7)	
ロシア	3,570 (20.6)		
EU	2,360 (13.6)		
カナダ	2,450 (14.2)		
総計	1億7,320 (100)	1億7,620 (100)	1億4,820 (100)

資料：USDA, WASDE, Aug.2019

カナダは世界シェア14.2％、EU 13.6％と多くの国がひしめいている。小麦価格の低下は、こうした輸出国の競争圧力の結果だと言っていい。同様のことが、トウモロコシと大豆にも当てはまる。

トウモロコシ輸出では、アメリカは世界輸出の30.2％を占めているが、ブラジル21.0％、アルゼンチン20.4％、ウクライナ16.7％と、アメリカに迫っており、かつてのように、アメリカが断トツという状態ではない。こうした新興国からの輸出競争がトウモロコシについても、価格の低下を引き起こしているのである。

大豆輸出では、ブラジルが世界輸出シェアの51.9％で第1位、アメリカはブラジルの6割31.3％でここでも第2位になっている。10年前までは、アメリカが大豆輸出のトップであったが、今や首位はブラジルであり、両国は厳しい競争関係にある。

4．アメリカの農家に問われるもの

アメリカの農業所得の減少とそれを補おうとする農家直接支払いは、このような多くの競争国からの競争圧力がもたらしたものである。アメリカ農業がその圧力に応えるには、一層の生産コストの削減以外にない。アメリカの農家には、それをなし得るか否かが問われている。

第Ⅲ章　2017年農業センサスにみる アメリカ農業の構造

1．農場の定義

農場とは、「1 年間の農産物販売額が、1,000 ドル（11 万円）以上あるところ」である。この定義は、1974 年に導入され、それ以降、変わっていない。

日本の農家の定義は、「年間の農産物販売額が 15 万円以上ある世帯、または、耕地面積が 10a 以上の世帯」。日本の農家の定義の販売額 15 万円以上の方が、アメリカ 1,000 ドルよりも高い。

この点からしても、アメリカの農場定義のハードルは、かなり低い。ここから、次に見るように、農場のなかに、農村居住型農場を大量に含むことになるわけである。

だが、こうした事態がうまれているにもかかわらず、この定義を変えるという動きはない。そこには、“規模が小さくとも、農業にかかわっている者を、農業生産者として遇し扱う”というアメリカ社会の基本的な姿勢が存在しているといっていい。

2．農場の組織形態による分類

組織形態は、法的態様（Legal Status）と同義であり、税を申告する際の農場の組織形態である。

アメリカの農場の組織形態には、①個人または家族、②パートナーシップ、③法人（株式）組織の 3 つがある。

（1）個人または家族

個人（個人所有ないし個人経営）の他に家族が入っているのは、夫婦による農場の共同所有や所得の共同申告が少なくないという事情による。

（2）パートナーシップ

パートナーシップとは、「それぞれの個人が寄与すべき資本と労力、さらには、所得の分配について合意しあっている2人以上の人たち」のこと。合意は、口頭でも文書でもいい。正式の契約書は、必要とされていない。パートナーシップの形成にお金がかからないのである。これは、パートナーシップの大きなメリットといっていい。

パートナーシップのポイントは、「所得の分配について合意のあること」とされる[1)]。パートナーシップは、法的には、個人と同じであって、特別の法的な地位や資格があるわけではない。

パートナーシップは、兄－弟、親－子の場合が多い。家族農場の経営の維持、あるいは、その規模拡大を目的にしている。次に見るように、大型家族農場や大規模農場において、かなり多く用いられている。

（3）法人－家族所有法人と一般法人－

法人（株式）組織は、各州の州法の下で作られる。ただし、アメリカの穀作地帯（中西部）の9州（アイオワ、ネブラスカ、カンサス、ミネソタ、北ダコタ、南ダコタ、ミズーリ、オクラホマ、ウィスコンシン）では、法人のなかで、家族法人（Family Corporation）にだけ、土地の所有や農業経営活動を認めている[2)]。他の41州においては、法人の土地所有や農業経営活動は自由であり、制限はない。

家族法人の規定は、例えば、ネブラスカ州の場合、

①　株主は個人で10人以下

②　株の半分以上を家族メンバーが持つ

③　株主の少なくとも一人以上が農場に居住する、

とされている[3)]。

3．2017年センサスにみる組織形態別農場の状況

（1）個人・家族、パートナーシップ、家族法人の合計数が97%を占める

2017年センサスによれば、農場総数204万2,200のうち、個人家族が175万1,100（全体の85.7%）、パートナーシップ13万200（6.4%）、法人11万6,800（5.7%）となっている（表III-1）。

農業生産における実質的な位置を知るために、各組織形態の販売額シェアを見ると、個人家族47.2%、パートナーシップ22.8%、法人28.2%で、法人とパートナーシップで過半の51%を占めている。

ただし、法人といっても、家族法人の販売シェアが22.7%で、家族法人以外の一般法人の販売シェアは5.6%に過ぎない。法人の販売シェア28.2%の8割は家族法人なのである。

家族法人は、家族農場が法人化したもの。家族法人以外の一般法人のウエートはごく小さい。

表III-1　組織形態別：農場数と販売額シェア（2007、2017年）

（単位：1,000、%）

分類	年	個人・家族	パートナーシップ	法人			その他[1]	総計
				合計	家族個人	家族以外		
農場数 (1,000) (%)	2007	1,906.2	174.2	96.1	85.8	10.3	26.1	2,204.8
		86.5	7.9	4.4	3.9	0.5	1.2	100
	2017	1,751.1	130.2	116.8	104.1	12.7	44.1	2,042.2
		85.7	6.4	5.7	5.1	0.6	2.2	100
変化 2007→2017	(1,000)	-155.2	-44.0	+20.7	+18.4	+2.4	+18.0	-16.2
	(%)	-8.1	-25.2	+21.5	+21.4	+23.3	+69.0	-0.7
販売額 (100万ドル) (%)	2007	152.9	63.9	85.0	66.6	18.4	3.4	305.2
		50.0	20.9	27.9	21.1	6.0	1.1	100
	2017	187.7	90.5	112.2	90.2	22.1	7.1	397.5
		47.2	22.8	28.2	22.7	5.6	1.8	100
変化 2007→2017	100万ドル	+34.8	+26.6	+27.2	+23.6	+5.7	+3.7	+92.3
	(%)	+22.8	+41.6	+32.0	+35.4	+31.0	+108.8	+30.2

資料：USDC, 2017 Census of Agriculture, pt.51, pp.170-171. 2007 Census of Agriculture, pt.51, pp.94-95.

注：1）アメリカインデイアン居留地、放牧組合管理地、刑務所農場など。

家族農場の諸形態である“個人・家族、パートナーシップ、家族法人”が、アメリカの農場の大部分＝総農場数の97.2％を占めている。販売額の上でも、92.7％を占めていているのである。ここにアメリカ農業における家族農場の高い位置が示されている。

（2）規模が大幅に拡大するパートナーシップ農場

パートナーシップ農場は、2007年の17万4,200から2017年13万200へと4万4,000、率にして25.2％も減少している。法人農場の数が21％も増えるなかで異例の変化である。

他方、その販売額は、2007年→2017年へと42％も増えている。それは、法人農場の伸び＝32％を上回っているのであり、パートナーシップ農場の著しい規模拡大を示している（表III-1）。事実、パートナーシップの1農場当たりの販売額は、2007年36.7万ドル→2017年69.5万ドルへと89％も増大しているのである（表III-2）。

ちなみに、法人家族農場の1農場当たりの販売額の伸びは、12％に留まっている。

パートナーシップの形成は極めて簡便であり、費用が掛からないことが、このパートナーシップ農場の規模拡大の背景にあると考えられる。

表III-2　組織形態別：1組織当たりの販売額（2007、2017年）

（単位：万ドル、％）

	2007	2017	変化
個人家族	8.0	10.7	+2.7（+33％）
パートナーシップ	36.7	69.5	+32.8（+89％）
法人家族農場	77.6	86.6	+9.0（+12％）
平均	13.8	19.5	+5.7（+41％）

資料：表III-1と同じ。

（3）家族農場が法人化する根拠

家族法人の数が 10 万を超すに至っているのは、法人化することによって、次のようなメリット、すなわち、

①　農場の継続性の維持（分割相続の回避）
②　世代間の経営移転の円滑化
③　金融機関からの信用が得やすい
④　節税が可能

があるからである。

4．農場総数：2007 年→2017 年の 10 年で 16.4 万（7.4%）の減

2017 年の農場総数は 204 万 2,200。2007 年 220 万 4,800 から 16 万 2,600、7.4%の減少である（前掲表 III-1）。2010 年代におけるアメリカ経済の拡大により、失業率が減少して（2009－10 年平均 9.4%→2016－17 年平均 4.6%）、農外雇用が増大し（2007 年 1 億 3,800 万人→1 億 4,630 万人。830 万人：8%増[4)]）、そこに農場人口の一部も吸収されたのである。

5．販売額区分による農場の特徴づけ（2017 年センサスに基づく）

『アメリカ 2014 年農業法』（農林統計協会、2016 年 2 月）において、筆者は、2012 年農業センサスにより、販売額に基づいてアメリカの農場を次の 5 つに分類した。

①　5 万ドル未満　　　農村居住農場
②　5 万－10 万ドル　　小規模家族農場
③　10 万－25 万ドル　　中規模家族農場
④　25 万－100 万ドル　大型家族農場
⑤　100 万ドル以上　　大規模農場

2007 年と 2016 年の価格変化は 8%にとどまる（表 III-3）ので、この分類は、2017 年農業センサスについても有効である。以下、この分類に基づき、2017 年のアメリカ農業の姿＝構造を示していく（表 III-4、表 III-5、表 III-6）。

表 III-3　アメリカ：農民受け取り価格指数と同支払価格指数（2011－2016 年）

年	受け取り価格指数	支払価格指数
2007	84<100>	77
2009	81	86
2011	100	100
2013	107	104
2015	99	108
2016	91<108>	104

資料：USDA, Agricultural Statistics, 2017, p.IX-37.

表 III-4　アメリカの農場の販売額区分による特徴づけ（2017 年センサスに基づく）

販売額	農場の姿	特徴
5 万ドル未満	農村居住農場	農場は居住目的。農外就業または年金生活。農業は採算を度外視した副業または趣味。 ここに 154 万農場、全体 204 万の 75％が属す。
5 万－10 万ドル	小規模家族農場	平均収穫面積は 57ha。農業現金所得は 1 万 5,800 ドル（174 万円）。農外就業を主とする小規模家族農場。 11.6 万農場（6.2％）が属す。
10 万－25 万ドル	中規模家族農場	農業現金所得 3 万 9,200 ドル（431 万円）は、全国平均家計所得 8 万 3,140 ドル（915 万円）を下回る。 農業所得で家計を賄い得るという意味での専業農場とは見なしえない。13.4 万農場（6.6％）が属す。
25 万－100 万ドル	大型家族農場	専業農場。家族による経営管理。農業が主要所得源。 農業現金所得 13.5 万ドルが、全国家計平均所得 11.8 万ドルを上回る。16 万農場が属す。販売額シエア 21％。
100 万ドル以上	大規模農場	年間 150 日以上の雇用労働者が 1 農場平均 7 人を超す（2012 年）。1 農場平均の農業現金所得は 83 万ドル（9,130 万円）。7 万 9,400 の農場が属す。販売額シエアは 68％に及ぶ。アメリカ農業の基幹をなす。

資料：表 III-1 と同じ。

表Ⅲ-5　販売額クラス別：農場数、販売額、同シェア（2017、2007年）

（単位：ドル、1,000、％）

	分類	大規模	大型家族	中規模家族	小規模家族	居住		全体
	販売額（ドル）	100万以上	25万－100万	10万－25万	5万－10万	1万－5万	1万未満	
農場数	2007年（％）	55.5 (2.5)	154.2 (7.0)	147.5 (6.7)	125.5 (5.7)	403.0 (18.3)	1,319.2 (59.8)	2,204.8 (100)
	2017年（％）	79.4 (3.9)	160.1 (7.8)	134.4 (6.6)	125.7 (6.2)	407.6 (20.0)	1,134.2 (55.5)	2,042.2 (100)
	変化（差）	+23.9	+5.9	-13.1	+0.2	+4.6	-185.0	-162.6
販売額シェア（％）	2007年	58.1	25.8	8.3	3.1	3.3	1.4	100
	2017年	67.8	21.0	5.6	2.2	2.4	1.0	100
	変化（差）	+9.7	-4.8	-2.7	-0.9	-1.1	-0.4	

資料：Ⅲ-1と同じ。

表Ⅲ-6　販売クラス別：平均販売額、平均農用地面積、平均収穫面積（2017年）

（単位：ドル、％）

農場区分	大規模	大型家族	中規模家族	小規模家族	居住農場	平均
販売額	100万以上	25万－100万	10万－25万	5万－10万	5万未満	
平均販売額（1,000ドル）	3,504.2	521.8	169.2	94.7	8.8	194.6
平均農用地面積（ha）	1,100	645	366	222	63	176
平均収穫面積（ha）	748	317	118	57	7.3	103
農業現金所得（1,000ドル）	830.9	135.2	39.2	15.8	-4.5	43.0
販売シェア（％）	67.8	21.0	5.6	2.2	3.4	100

資料：表Ⅲ-1と同じ。

（1）農村居住農場（販売額５万ドル未満）

農場は居住目的。農場居住者は農外就業、または年金生活者である。アメリカ農務省によれば、2017 年の農場居住の年金生活者は 21 万 8,200 人とされる [5)]。ここでの多くの農業は採算を度外視した副業または趣味である。ここに 154 万 18,00 農場、全体 204 万 2,200 農場の 75.5％が属している。

（2）小規模家族農場（販売額５万－10 万ドル）

平均収穫面積は 57ha。〔水田（米作）農業の日本で言えば大規模農場〕。ここでの農業現金所得は 1 万 5,800 ドル（174 万円）、農外就業を主とする小規模農場である。12 万 5,700 農場（全体の 6.2％）が属す。

（3）中規模家族農場（販売額 10 万－25 万ドル）

農業現金所得 3 万 9,200 ドル（431 万円）は、全国平均家計所得 8 万 3,140 ドル（915 万円）を大きく下回る。従って、農業所得で家計を賄い得るという意味での専業農場とはみなし得ない。13 万 4,400 農場（6.6％）が属す。

（4）大型家族農場（販売額 25 万－100 万ドル）

専業農場である。家族による経営管理を行う。農業が主要所得源。農業現金所得 13 万 5,200 ドル（1,487 万円）は、全国平均家計所得 8.3 万ドル（913 万円）を上回る。16 万 100 農場が属す。この農場の販売額シェアは 21％。年間 150 日以上の雇用労働者数は 1.2 人（2012 年）[6)]。

（5）大規模農場（販売額 100 万ドル以上）

年間 150 日以上の雇用労働者数が 1 農場平均 7 人を超す（2012 年）[7)]。1 農場平均の農業現金所得は 83 万ドル（9,130 万円）。7 万 9,400 の農場が属す。販売額シェアは 67.8％に及ぶ。2007 年から 2017 年へと販売額シェアが増えているのも、大規模農場だけである（前掲表 III-5）。大規模農場は、アメリカ農業の根幹をなしている。

6．販売額別・組織形態別の農場

表III-7で、販売額別・組織形態別の農場数も見ておこう。

ここで注目すべきは、居住農場のなかの販売額1万ドル未満の農場である。この最も規模の小さい農場グループにおける法人の数:3万3,000、パートナーシップ農場の数3万9,700が、全クラスの中で最も多い。母体であるこの層の農場数が103万8,000で極めて多いから、そこに含まれる法人やパートナーシップ農場の数も多くなるというのが、一因であろう。しかし、法人やパートナーシップは、規模の大きい農場において用いられるのが、普通である。

にもかかわらず、1万ドル未満の居住農場において、その4％（3万9,700）や3％（3万3,000）がパートナーシップや法人の組織になっているのは、なぜだろうか。それについての情報は、2017年センサスにも農務省の出版物にも存在しない。あえて推測すれば、2つのケースが考えられる。

1つは、農場を居住用に用いている人たちが、自分たちの必要以上に作っ

表III-7　販売額クラス別・組織形態別の農場数（2017年）

（単位：1,000、％）

分類	大規模	大型家族	中規模家族	小規模家族	居住農場		合計
販売額 （ドル）	100万 以上	25万－ 100万	10万－ 25万	5万－ 10万	1万－5万	1万未満	
個人家族	39.9 (2.3)	112.6 (6.4)	105.2 (6.1)	103.1 (5.9)	352.3 (20.1)	1,038.0 (59.2)	1,751.1 (100)
パートナーシップ	18.5 (14.2)	21.3 (16.4)	13.6 (10.5)	10.9 (8.4)	26.2 (20.1)	39.7 (30.4)	130.2 (100)
法人	19.8 (17.0)	24.0 (20.5)	12.5 (10.7)	8.7 (7.5)	18.8 (16.1)	33.0 (28.2)	116.8 (100)
うち、 家族法人	17.1 (17.8)	22.3 (21.4)	11.4 (10.9)	7.8 (7.5)	16.5 (15.9)	28.3 (27.2)	104.1 (100)
うち、 家族以外	2.0 (15.7)	0.8 (6.3)	2.0 (15.7)	1.0 (7.9)	2.4 (18.9)	4.5 (35.5)	12.7 (100)
その他	1.1 (2.5)	2.6（ 5.9)	3.2 (7.3)	3.2 (7.3)	10.4 (23.6)	23.6 (53.4)	44.1 (100)
合計	79.4 (3.9)	160.1 (7.8)	134.4 (6.6)	115.7 (6.2)	407.6 (20.0)	1,134.2 (55.5)	2,042.2 (100)

資料：USDC, 2017 Census of Agriculture, pt.51, p.130.

た物をマーケットに販売するようになり、その販売が拡大したために、恒常的に販売を目的に生産するようになり、農場を法人組織やパートナーシップにしているケースであろう。

もう１つは、これまで農業に関係のない人たちが、居住農場において法人組織やパートナーシップの下で農外事業を始め、同時に、その副業として小規模な農業生産を行うというケースであろう。

いずれにせよ、法人組織とパートナーシップが、販売額１万ドル未満の最小規模層に一定数存在していることは、注目されていい。

７．アメリカ農業の所得状況

表III-8は、2007年から2016年へのアメリカ農業の１農場平均の農業所得を示す。

2011年・2013年は、10万ドルを超す農業所得を挙げていたが、2016年には6万1,600ドル（678万円）、2017年に7万5,500ドル（830万円）に落ち込み、さらに、第Ⅱ章でみたように、2018年へと所得の低下が進み、2018年と2019年には、大規模な緊急直接支援が実施されたのである。

表III-8　アメリカ農業の所得状況：1農場平均の所得額

（単位：1,000ドル）

年	農業所得(1,000ドル)	万円[1)]	指数
2007	70.0	770	76
2008	78.1	859	85
2009	62.2	684	67
2010	77.1	848	83
2011	113.6	1,250	123
2012	96.5	1,062	105
2013	123.8	1,362	134
2014	92.4	1,016	100
2015	81.5	895	88
2016	61.6	677	67
2017	75.5	830	82

資料：USDA, Agricultural Statistics, 2018, p.IX-40.
注：1）1ドル＝110円。

注

1) N. E. Harl, Organizing the Farm Business, Iowa State Univ. Cooperative Extension Service, 1985, p.12
2) 服部信司『アメリカ 2002 年農業法』農林統計協会、2005 年、177 頁。
3) 服部信司『アメリカ 2014 年農業法』農林統計協会、2016 年、126 頁。
4) USA, Economic Report of the President, Feb. 2018, p.548
5) USDA/ERS, America's Diverse Family Farms, 2018 Edition, Economic Information Bulletin, No.203, Dec. 2018, p.3
6) 7) 服部信司『アメリカ 2014 年農業法』農林統計協会、2016 年、136 頁。

第Ⅳ章　基本計画（日）と農業法（米）
－日米農政比較と日本の課題－

日本農業の「基本計画」はどうあるべきか。アメリカの農業法との比較を通して考えてみよう。

アメリカの農業法は 5 年ごとに議会で決定される。そこに、政府（農務省）からの関与はない。立法（農業法の制定）は議会、政府はその執行というように、両者の役割は分離・分担されている。

日本の基本計画は、議会ではなく農水省が策定する。その期間は 5 年であり、5 年間の政策のあり方の方向がその内容である。それは、以降 5 年間の政策に大きな影響を与えるとはいえ、なお、政府＝農水省の意向（策定）にとどまる。

まず、日本とアメリカの農政の内容を比較検討し、それを踏まえて、日本の農政の特徴と基本計画の課題を考えていきたい。

1．所得補償（保障）の基準：生産費（アメリカ）と市場価格の平均（日本）

（1）アメリカ：生産費に基づく目標価格に固定

アメリカにおいては、全ての穀作物について、1960 年代中期以降、不足払いが行われてきた。1973 年農業法において、不足払いの基準は生産費に基づく目標価格とされ、目標価格は農業法の期間（通常 5 年）、固定された。

1996 年農業法において、不足払いは一旦廃止され、代わりに固定支払いが導入された。しかし、不足払いは、2002 年農業法において「新しい不足払い（CCP：反循環支払い）」として再導入され、2014 年農業法以降、「価格損失補償（PLC）」および収入保障の一部として維持されているわけである。

2002 年農業法において不足払いが復活した際、農業法において目標価格と生産費の関係は示されず、2003 年から 2007 年の目標価格の水準だけが示された。2008 年農業法においても同じである。ただし、その目標価格の水準は、2002 年農業法の場合には生産費と同じであり、2008 年農業法の場合にも生産費に近く、2014 年農業法においては生産費を上回り、2018 年農業法のトウモロコシ・大豆は 2017 年の生産費と同じか上回っていた。

このように、20 年間近く、“目標価格は生産費に基づく”という状況が続いてきたのである。

生産費は、家族労働報酬、自己所有地についての地代分、減価償却費などの機会コストを含む生産費（日本で言う全算入生産費）であり、それが保障され、得られるならば、農業生産は持続的に維持され得るという水準である。1960 年代以降のアメリカ農業の発展は、この“生産費に基づく目標価格を基準とした不足払い制度”によって支えられてきたのである。

（２）日本：市場価格の５年中庸３年平均

日本において、経営所得安定対策が導入されたのは、1998 年の稲作経営安定対策においてである。所得保障（補償）の基準は、過去 3 年間の入札指標価格（＝市場価格）の平均とされた。担い手経営安定対策（2004－06 年度）における基準は、直近３年間平均の都道府県の収入（＝市場価格）とされ、品目横断的経営安定対策（2007－09 年度）においては、過去５年中の中庸３年（5 中 3）の都道府県収入（＝市場価格）が基準とされた。

民主党政権下の 2010－13 年度においては、戸別所得補償制度が実施され、所得保障（補償）の基準は、標準的な生産費（過去７年中の中庸５年の「経営費＋家族労働費」）の８割とされた。所得補償の基準は、市場価格から「生産費の８割」に変更され、基準はほぼ固定されたのである。

2012 年末における自民党政権への移行により、2014 年度以降、経営所得安定対策は、品目横断的経営安定対策と同じ政策＝収入減少緩和対策（ならし）に戻り、所得補償の基準も 5 中 3 の都道府県収入（＝市場価格）に戻った。

だが、経営所得安定対策の基準を「市場価格の平均」にすることは、価格の下落に応じて、保障（補償）の基準自体が低下するという問題－経営安定対策が経営安定対策としてきちっと機能しえないという問題－を抱えることになる。すでに、この問題は、2009 年以前においても発生していたが、2014 年の米価下落時において強く意識されることになった。

戸別所得補償制度は、それが民主党政権による政策であったということから、その具体的な検証もなく、自民党の政策に移し替えられたが、経営所得安定対策としてきちっと機能したことは明らかである。だから、生産者の多くがこれを支持した。

（３）経営安定対策の基準を固定すべき

経営所得安定対策が機能するには、その所得保障（補償）の基準は、固定される必要がある。では、いかなる水準に固定されるべきか、といえば、それは、生産費、または生産費の一定水準をおいて他にない。現在の日本の経営所得安定対策のあり方には、修正が問われているのである。

飼料用米にも、主食用米と同じ所得を保障しているから、米価の下落問題は緩和しているが、この基本問題を曖昧にしてはならない。

２．経営所得安定対策の対象者：アメリカは全生産者、日本は認定農業者

（１）日本：認定農業者に限定

1998 年発足の稲作経営安定対策においては、全生産者が対象であった。これが、担い手経営安定対策（2004－06 年度）において、認定農業者（水田経営面積：北海道 10ha 以上、都府県 4ha 以上）と同 20ha 以上の集落営農に限定され、その資金は国３：生産者１の割合で拠出するとされた。品目横断的経営安定対策（2007－09 年度）においても、一定規模以上の認定農業者と集落営農への対象者の限定と生産者による資金の拠出は、基本的に引き継がれた。

民主党政権下の戸別所得補償においては、対象者は全生産者となり、資金の拠出は不要となる。

しかし、自民党政権への復帰により、2014 年度以降、経営所得安定対策〔収入減少影響緩和対策（ナラシ）〕の対象者は、認定農業者、集落営農、認定就業者となり、生産者による資金の拠出も復活した。ただし、2015 年度から規模要件は課せられていない。

では、現在（2019 年 3 月時点）、経営所得安定対策（収入減少影響緩和対策）の参加者は、どれくらいになっているのか。

2017 年度の米・直接交付金対象者は 73.1 万人、その支払面積は 94.1 万 ha、水稲作付面積 147.9 万 ha の 63.6％に当たる。

言い換えれば、日本においては、コメ生産面積の約 4 割が経営所得安定対策（セーフティネット）のない状態に置かれていることになる。

（2）アメリカ：全生産者

これに対し、アメリカにおいても EU においても、経営所得安定対策を含む全ての農業政策は、全生産者を対象としている。アメリカの場合、全農場 211 万の 4 分の 3（159 万）が趣味や居住目的で農業を行う農村居住農場である（2012 年農業センサス）。そのアメリカにおいて、農村居住農場を含む全農場が経営所得安定対策の対象とされている。

アメリカでは、規模の大小にかかわらず、兼業か専業かにかかわらず、農業生産を行っている者は、同じ生産者として公平に政策の対象になっている。これは、現在だけでなく、戦前・戦後から一貫して、そうである。これは、公平性の原則によるものといえよう。

（3）対象者を限定する論理とその問題

“経営安定対策の対象を限定する”という考え方は、「小規模生産者は生産性の向上に資することはない→その存続は規模拡大の妨げになる→全生産者を対象にするのはバラマキである」という論理に基づいている。

具体的には、「経営所得安定対策の支払いが小規模生産者に対して行われれば、（それがなければ、農業生産をやめたであろう）小規模生産者を農業内にとどめるから、規模拡大を妨げる」という主張である。

だが、この議論は、重大な事実誤認に基づいている。経営所得安定対策の支払いは面積単位である。したがって、その支払いは経営面積の大きな大規模農家にとって圧倒的に有利である。小規模面積の農家にも支払いが行われるが、その額は、極めて少ない。2010 年度の戸別所得補償の作付け規模別の支払額に基づいて計算すれば、0.5ha 未満の小規模農家 51.4 万の受け取った支払額は、平均 5.6 万円にすぎない。月平均額にすれば、わずか 4,700 円である。これが、農業にとどまるという判断をする額になりうるはずがない。

バラマキ論は、こうした経営所得安定対策（面積単位の支払い）の持つ特質を無視した議論に陥っているのである。

「全生産者を対象にしているから、不必要なバラマキ」という批判は、欧米において今もかっても存在しない。欧米においては、全生産者を対象とする経営所得安定対策（アメリカにおける不足払い、EU の直接支払い）の下で、規模拡大が進展してきたのである。

（4）日本も全生産者を対象に

農業者の生産活動は、農地を生産に用いることによって、多面的機能の発揮に貢献している。そこに、全生産者が政策の対象になる積極的根拠がある。

3．経営所得安定対策の資金

（1）アメリカは全額政府資金

アメリカは、経営安定対策に必要な資金は、全て政府が責任を持つ。基準（目標価格）以下への価格の下落について、生産者には責任がないから当然である。

（2）日本は生産者が 4 分の 1 負担

これに対して、日本では、その資金を政府 3：生産者 1 の割合で生産者も拠出する。生産者が 4 分の 1 を負担するのである。その結果、経営安定所得対策といっても、4分の1割り引かれたものにとどまる。

（3）日本も全額政府が負担すべき

EU においても、経営所得安定対策（直接支払い）について、生産者の拠出＝負担はない。

生産者が経営所得安定対策の資金の一部を負担するということは、その分、経営所得安定対策の意義を低めるものであって、政策の目標に逆行する。生産者の拠出を取りやめ、欧米と同様に、その必要資金の全額を政府が賄うべきである。

4．長期政策の決定（米）と策定（日）

（1）アメリカ：農業法として議会で決定

アメリカは、5 年ごとに議会において全政策のチェックを行い、次の 5 年間に行う政策を議会が農業法として決定する。

（2）日本：政府における基本計画の策定

日本においては、その作業は農水省における基本計画の策定として行われる。

ただし、基本計画の策定は政府内の作業であり、議会で審議・策定されるものではない。アメリカの「農業法の議会における決定」と日本の「基本計画の政府における策定」の間には、基本的な差異がある。

（3）日本：基本計画の策定を踏まえた、議会における決定に移行すべき

日本も、農水省における基本計画の策定を踏まえた、議会における5年ごとの全政策の点検に基づく政策決定に移行する必要がある。それこそが、政策決定の透明性を1点の曇りもなくすることにつながるであろう。

第Ⅴ章　TPP・日 EU 経済連携協定の発効と日本農業の課題

1．わが国食料の輸入依存：畜産物の輸入依存も進む

わが国の総合食料自給率(カロリーベース)は 2017 年で 38%。1996 年 43% から、さらに 5%ポイント低下している（表 V-1)。飼料用を含む穀物自給率は 28%で、極めて低い。トウモロコシを中心とする飼料穀物の国内生産が少なく、その自給率が 27%と低いことの結果である。飼料自給率が 2005 年 25%から 2016 年 27%へと 2%ポイント上昇しているのは、コメの一部を飼料用米として用いていたことによる。

すでに、23 年前の 1996 年において、穀物自給率は 30%、飼料自給率は 26%と極めて低い水準に低下していたわけであるが、それ以降、今日に至る 23 年間において、畜産物の自給率の低下が進んだ。豚肉の自給率は、96 年 62%→2006 年 50%、牛乳乳製品の自給率は 96 年 72%→06 年 68%→2017 年 62%へと 10 年間で 10%ポイント下がっている。

表 V-1　日本の食料自給率（1996、2006、2017 年）

（単位：%）

	1996	2006	2017
総合食料自給率 1)	43	40	38
穀物自給率 2)	30	28	28
飼料自給率	26	25	27
牛肉	39	43	38
豚肉	62	50	50
牛乳乳製品	72	68	62
野菜	85	81	80
果実	49	44	41

資料：農林水産省『平成 28 年度　食料需給表』2018 年 5 月、p.25。
注：1）供給熱量ベース。
　　2）飼料用を含む。

この畜産物の自給率低下の動向を、もう少し詳しく見ると（表V-2)、

(1) 牛肉の場合には、2006年にBSE問題などで、輸入牛肉が1996年から3割以上も減少する一方、国産牛肉の減少幅が少なかったことにより、自給率は96年38.5%から06年43.3%へと上昇するが、2017年には、輸入量の回復により、再び96年水準の38%に低下している。

(2) 豚肉の2006年の輸入量は、牛肉の輸入減を補う形で、96年の77万トンから130万トンへと大幅に増大した。他方、国内生産も124万トンと96年130万トンに近い水準を維持し（自給率49%)、2017年においても、その生産量と自給率を維持している。

(3) 1996年の牛乳・乳製品の国内生産量は847万トン（生乳換算量)、自給率72.1%に及んでいたが、2006年829万トン（自給率68.4%）→2017年735万トン（同61.8%）へと低下が続いている。これは、主として、高齢化による酪農生産者の減少の結果である。

表V-2　畜産物：国内生産量と輸入量

（単位：万トン、カッコ内は%）

		1996	2006	2017
牛肉	国内生産量	59 (38.5)	50 (43.3)	46 (38)
	輸　入　量	94 (61.5)	65 (56.7)	75 (62)
	合　計	153 (100)	115 (100)	121 (100)
豚肉	国内生産量	130 (62.7)	124 (48.8)	128 (49.8)
	輸　入　量	77 (37.3)	130 (51.2)	129 (50.2)
	合　計	207 (100)	254 (100)	257 (100)
牛乳・乳製品 1)				
	国内生産量	847 (72.1)	829 (68.4)	735 (61.8)
	輸　入　量	328 (27.9)	383 (31.6)	455 (38.2)
	合　計	1,175 (100)	1,212 (100)	1,190 (100)

資料：表V-1と同じ。
注：1）生乳換算量。

2．TPP協定と日EU経済連携協定の発効

こうした状況のなかで、環太平洋連携協定（TPP協定。以下、TPP協定）

が、2018 年 12 月 30 日に発効し、日 EU・経済連携協定（日 EU・EPA 協定。以下、日 EU・EPA 協定）も 2019 年 2 月 1 日に発効した。日本農業は、今や、TPP 協定と日 EU・EPA の枠内におかれているのである。これに、2019 年 10 月に最終合意した日米貿易協定が加わる。

日 EU・EPA 協定のベースは TPP 協定であり、日米物品貿易協定も TPP 協定を踏襲しているから、TPP 協定が、わが国の国際貿易協定の骨格になっている。

そこでまず、TPP 協定を検討し、次いで、日 EU・EPA において新たに設定された内容と日米貿易協定の交渉経緯について見ていくことにする。それらを踏まえ、日本農業の課題を提示していきたい。

3．TPP 協定

（1）TPP 交渉（2010 年→2018 年）

TPP 交渉は、2010 年に、アメリカ、豪州、ニュージーランド、シンガポール、ベトナム、ブルネイ、マレーシア、チリ、ペルーの 9 か国で始まり、2011 年に日本、2012 年にカナダ、メキシコが参加して、12 か国による交渉（TPP12）となった。ただし、アメリカは、トランプ大統領の下で、交渉から離脱。TPP11 は 2018 年に合意に達し、上述のように、2018 年 12 月 30 日に発効している。

（2）牛肉

TPP 合意により、牛肉の関税は、協定発効後 1 年目に現行 38.5％から 27.5％に 10％ポイント引き下げられ、一挙に 4 分の 1 削減される。以降、段階的に削減されていき、10 年目に 20％になり、15 年目に 9％に引き下げられる（表Ⅴ-3）。9％の水準は、日豪 EPA における冷凍肉 18 年目の関税 19.5％の半分であり、現行 38.5％の 4 分の 1 に過ぎない。

15 年後の牛肉関税 9％は、国境保護措置の役割をほとんど果たし得ないレベルに近い。

極めて遺憾な合意といわなければならない。

表 V-3　TPP 合意（2015 年 10 月）：牛肉の関税削減とセーフガード

時期	関税	セーフガード	
		発動基準（万トン）	戻す関税（%）
1 年目	38.5→27.5%に	59（現行 52）	38.5
10 年目	20%に	69.6	30
15 年目	9%に	73.8	18

資料：農林水産省「TPP 農林水産物市場アクセス交渉の結果」

（3）豚肉

1）現行の豚肉関税制度

現行の豚肉についての関税制度＝差額関税制度は、豚肉の輸入価格により、3 つの部分からなっている（表 V-4）。

① 輸入価格が基準価格（キログラム 524 円）よりも高い場合には 4.3% の関税（従価税）が課せられる。基準価格は国産品の流通価格を参考に決められ、現在 1 kg 524 円。

② 輸入価格が 524 円（基準価格）以下、65 円以上の場合には、基準輸入価格 547 円（基準価格 524 円＋524 円×4.3%）と輸入価格の差が関税となる。安い豚肉ほど高い関税がかかることになる。

③ 輸入価格がキログラム 65 円以下の場合、一律キログラム 482 円（基準輸入価格 547 円－65 円）の関税（従量税）がかかる。

差額関税制度は、②と③の部分である。

表 V-4　現行の豚肉関税制度（差額関税制度 1)）（円／kg）

輸入価格	関　　税	総輸入価格 （輸入価格＋関税）
524 円（基準価格）＜輸入価格	4.3%	輸入価格：700 円の場合 730 円
65 円＜輸入価格＜524 円	547 円（524 円×1.043）－輸入価格	輸入価格：300 円の場合 547 円
輸入価格＜65 円	一律 482 円	輸入価格：50 円の場合 532 円

資料：表 V-1 と同じ。
注：1）1 kg 524 円（関税込み 547 円）以下では、国内に入りえない。

2）安い豚肉の関税：大幅引き下げ

キログラム65円以下の安い豚肉の関税は、1年目に現行482円の4分の1の125円に、5年目に7分の1の70円に、10年目に約10分の1の50円に引き下げられる。さらに、12年目にはセーフガード（輸入量が一定水準に達した場合の輸入制限措置）も廃止される（表V-5）。

表V-5　TPP合意：安い豚肉[1]の関税削減とセーフガード

時期	関税	セーフガード	
		発動基準	戻す関税
1年目	現行482円→125円に	設けず	
5年目	70円に	輸入量＞9万トン	100円に
10年目	50円に	輸入量＞15万トン	70円に
12年目		セーフガードを廃止	

資料：表V-2と同じ。
注：1）輸入価格、65円／kg。

3）高い豚肉の関税：10年目に撤廃

高い豚肉の関税（現行4.3％）は、1年目に2.2％に引き下げられ、以降、段階的に引き下げて10年目に撤廃される。12年目にはセーフガードも廃止される（表V-6）。

表V-6　TPP合意：高い豚肉の関税削減とセーフガード

時期	関税	セーフガード	
		発動基準	戻す関税
1年目	現行4.3％→2.2％へ		
1−2年目	段階的に引き下げ	基準の112％	4％
3−6年目	〃	基準の116％	4年目3.4％
7−11年目	〃	基準の119％	7年目2.8％
10年目	0％に		2.2％
12年目		なくす	なし

資料：表V-2と同じ。

（4）養豚団体の見方

日本養豚協会の志澤勝会長（当時）は、このTPPについて、「豚肉の関税をキログラム50円とした場合、米国産の低価格部位は、課税後350円程度で輸入され、国産相場（目下600円前後）も同水準まで暴落する。再生産可能な価格を下回り、国内の養豚業者は、わずかしか生き残れない」[1)]とした。

関税がキログラム50円に近い70円になるのは、5年目である。それは、近い将来であって、長期の先のことではない。

豚肉についてのTPP交渉の結果は、重大な問題をはらんでいたといわざるをえない。

4．日EU経済連携協定（EPA）

日EUの経済連携協定（EPA。以下、EPAとする）交渉は、2013年4月に始まり、2017年12月に妥結した。その交渉期間は4年8か月で、比較的に短い。そして、日EU・EPAにおいて、わが国は、EUの輸出品である乳製品について、相当な譲許を行ったのである。

（1）牛肉・豚肉

牛肉と豚肉についての合意は、TPPの場合と同じである。

ただし、EUの対日豚肉輸出量（2014－16年度平均）は30.3万トン、主要輸出国の中の第1位である（表V-7）。

関税がキログラム50円に近くなる5年目には、わが国の養豚生産者は、

表V-7　日本の豚肉輸入量（2014－16年度平均）

輸入国・地域	豚肉輸入量（万トン）	％
EU	30.3	36.1
アメリカ	26.7	31.8
カナダ	16.7	19.9
合計	84.0	100

資料：農畜産業振興機構『畜産の情報　別冊資料』2017年9月。

EU・アメリカからの豚肉の強い輸出圧力に直面することになるであろう。それへの対応が問われる。

（2）脱脂粉乳・バター

1）現行の輸入制度：関税

①脱脂粉乳

現行の脱脂粉乳の関税は、国家貿易（農畜産業振興機構による輸入）の場合「1kg当たり輸入価格の25％、または35％＋130円／kg」。それ以外の民間貿易による場合は、「396円＋輸入価格の21.3％」となっている（囲みⅤ-1）。

ここに、2016－18年度平均・輸入価格252円／kgを入れると、国家貿易の場合の関税額は「63円、または218円」、民間貿易の場合は450円とな

囲みⅤ-1　乳製品の現行関税と輸入数量、輸入価格、国内価格

1）脱脂粉乳	（国家貿易）	輸入枠内関税：25％、または35％＋130円／kg 輸入枠外関税：1kg当たり396円＋輸入価格の21.3％ ※輸入価格（2016－18年度平均）252円／kg 国内価格（〃）471円／kg ※生産量（2016－18年度平均）125,088トン 輸入量（〃）48,287トン
2）バター	（国家貿易）	輸入枠内関税：35％＋290円 輸入枠外関税：1kg当たり985円＋輸入価格の29.8％ ※輸入価格（2016－18年度平均）471円／kg 国内価格（〃）1,365円／kg ※生産量（2016－18年度平均）63,321トン 輸入量（〃）11,540トン
3）チーズ	関税割当制度	プロセスチーズ用の原料として、国産1：輸入品2.5の抱き合わせを条件に無税。
	現行関税	ナチュラルチーズ：主に原料として用いられるハード系、主に直接消費に用いられるソフト系、ともに29.8％（大部分のチーズがここに入る）。 ナチュラルチーズを加工したプロセスチーズ、おろしチーズ：40％。 ※輸入価格（2016－18年度平均）・関税割当内 ナチュラルチーズ 458円／kg　プロセスチーズ 606円／kg

資料：農畜産振興機構『畜産の情報　別冊統計資料』2018年9月。

る。民間貿易の関税額は、国家貿易の関税額の 2.1 倍になる。このような関係の下では、民間貿易による輸入は、まず起こりえない。

②バター

国家貿易の場合の関税は「1kg 当たり輸入価格の 35％＋290 円」、民間貿易の場合「985 円＋輸入価格の 29.8％」となっている。

バターの輸入価格は 2013－16 年平均で 419 円／kg である。

バターの民間貿易の関税は、輸入価格の 2 倍以上になるから、一般的には民間貿易による輸入は起こりえない。

実際、バターの輸入の 97％、脱脂粉乳の輸入の 94％が、準政府機関：農畜産業振興機構による輸入である[2)]。

2）合意内容

①脱脂粉乳とバター

脱脂粉乳とバターについて、関税には手を付けていない。代わりに、1 年目 1 万 2,857 トン→7 年目 1 万 5,000 トン（生乳換算）の EU 向け輸入枠（民間貿易）を設定した（囲み V-2)。それらは、国内牛乳生産量 773 万トン（2014－16 年度平均）の 0.17％、0.19％に当たる。

すでに、WTO や TPP において、脱脂粉乳とバターの輸入枠は設定されているから、それらを含めた総輸入枠（生乳換算量）は、1 年目 21 万トン→7 年目 22.2 万トンとなる。その国内生産への割合は 2.7％→2.9％、同乳製品処理量（チーズ・クリーム向けを除く）159.5 万トンへの割合は 13.2％→13.9％になる。それは、わが国の脱脂粉乳とバター需給に大きな影響を与えうる存在＝価格低下圧力となることは間違いない。

（3）チーズ

1）現行の輸入制度

設定されている輸入枠のなかの輸入については、国産との抱き合わせを条件に無税とされている。

囲み V-2　日 EU・EPA 合意（2017 年 7 月）：乳製品

1）脱脂粉乳・バター

輸入枠（商社等による民間貿易）の設定：
1 年目 1 万 2,857 トン（生乳換算）→7 年目 1 万 5,000 トン
枠内関税　脱脂粉乳：25％、または 35％＋130 円／kg→25％、または 35％へ（11 年目）
バター　：355＋290 円／kg→35％へ（11 年目）

2）チーズ

①EU 向け関税割当量（輸入枠）：チーズ全体について横断的に設定。
1 年目：2 万トン（生乳換算量）→16 年目 3.1 万トン。
国内チーズ向け牛乳量 44.6 万トン（2016－18 年度平均）の 4.5％→7.0％。
②関税割当を設定した輸入枠内の関税：段階的に 16 年目に撤廃。
③枠外関税：ハード系ナチュラルチーズとソフト系のシュレッドチーズとソフト系のシュレッドチーズ、おろし・粉チーズなど。段階的に 16 年目に関税撤廃。

1）ホエイ〔チーズ製造の際に発生する副産物。食品の原材料。国内生産量 2 万トン（製品重量）〕現行輸入量：1 万 3,260 トン（2014－16 年度平均）
①EU 向けに新たな関税割当を設定：6,200 トン→11 年目 9,400 トン。

資料：農林水産省『日 EU・EPA における品目ごとの農林水産物への影響について』2017 年 11 月、『日 EU・EPA 大枠合意における農林水産物の概要』①（EU からの輸入）2017 年 7 月。

輸入枠外の輸入については 29.8％の関税である。ただし、プロセスチーズ用の原料として、国産チーズ 1 に対し 2.5 の割合での輸入を条件とする。国内需給への影響の緩和を図るためとされる。

こうした輸入制度のもとで、チーズの国内生産量・輸入量はともに伸びてきた（表 V-8）。それは、チーズの国内消費量が急速に拡大したからである。表 V-9 のように、チーズ国内消費量は、この 7 年間で実に 30％増大している。それに伴って、国内生産は 3％拡大した（表 V-10）。輸入量は消費量とほぼ同じ 29％の伸びを示しているのである[2)]。

また、現在のわが国の 1 人当たりチーズ消費量は、諸外国と比べ、極めて小さい。EU 平均の約 8 分の 1、アメリカの約 7 分の 1 である（表 V-11）このことは、わが国において、今後、チーズの消費と生産が、さらに伸びていく可能性が大きいことを示しているといえよう。

表 V-8　乳製品：国内生産量と輸入量（2016－18 年度平均）

（単位：万トン、％）

品　目	国内生産量（A）	輸入量（B）	輸入比率（B／A）（％）
脱脂粉乳	12.5	1.9	15.2
バター	6.3	1.2	19.1
ナチュラルチーズ	4.6	25.4	552

資料：『畜産の情報　別冊統計資料』2018 年 9 月、pp.48-50。

表 V-9　チーズの国内消費量

（単位：1,000 トン）

時　期	国内消費量	指数
2009－2011 年度平均	250.6	100
2016－2018 年度平均	326.7	130
変化	+76.1	+30％

資料：農畜産業振興機構『畜産の情報　別冊統計資料』2018 年 9 月。

表 V-10　チーズの国内生産量

（単位：トン、カッコ内は％）

時期	ナチュラルチーズ合計	うち、原料用プロセスチーズ	原料用プロセスチーズ以外
2009－2011 年度平均	44,777　(100)	24,847　(100)	19,930　(100)
2016－2018 年度平均	46,279　(103)	23,105　(93)	23,174　(116)
変化	+1,502	-1,742	+3,244

資料：表 V-7 と同じ。

表 V-11　主要国のチーズ 1 人当たり消費量（2015 年度）

（単位：kg）

国・地域	1 人当たり 費量	比較
日本	2.2	1
EU 平均	18.3	8.3
アメリカ	16.0	7.3
豪州	13.4	6.1
ニュージーランド	8.8	4

資料：農畜産業振興機構。

2）合意内容

① チーズ全体の EU 向け輸入枠を新たに設定する。1 年目：2 万トン（製品重量）→16 年目 3.1 万トン。2 万トンは現行のチーズ輸入量 24 万トンの 8％に、3.1 万トンは 13％に当たる。国内チーズ需給に影響を与えうる相当な数量といっていい。

② 枠内関税　ナチュラルチーズ（ハード系）の関税を 16 年目に撤廃する。

③ 枠外関税

A. 主として原料として用いられるハード系ナチュラルチーズとソフト系のシュレッドチーズ、おろし・粉チーズ（プロセスチーズ）の関税を段階的に 16 年目に撤廃する。

B. クリームチーズ〈乳脂 45％以上〉の関税を 10％削減する。

C. ブルーチーズの関税を、11 年目までに、段階的に 50％削減する。

シュレッドチーズ、おろし・粉チーズ（プロセスチーズ）の関税が段階的に 16 年目に撤廃される。ブルーチーズの関税も 11 年目に半減される。少なくとも 7−8 年後には、これらの関税は大幅に下がる。また、現行チーズ輸入量の 10％前後のチーズが、新たに EU から入ってくる。

チーズの国内生産は、国内消費の拡大に支えられて拡大しているが、そうしたなかでも、関税の引き下げと EU 輸入枠の設定に基づく輸入チーズの増大は、チーズ価格に低下圧力をかけてくることが予測される。

5．日本農業の課題

（1）現行の畜産経営安定対策

牛肉については肉用肥育牛経営安定対策事業（新マルキン）、豚肉については養豚経営安定対策事業がある。いずれも、生産者も資金を拠出すること（生産者 1：国 3）を前提に、標準生産費を保障の基準とし、標準販売額が標準生産費を下回った場合に、その差の 9 割が補填される。

（2）牛・豚肉の経営安定対策：全額政府資金による10割補填を

生産者が基金の4分の1の拠出金を払うことを前提にすれば、実質的な補填水準は、差の約3分の2＝67.5％（0.9×0.75）にとどまる。

アメリカの不足払いやEUの直接支払いの資金は、全額、政府資金（財政）によっている。生産者の負担はない。価格の下落に生産者は一切責任がないのであるから、当然である。

わが国も、生産者拠出金を廃止して、全額政府資金による差の10割補填を行うべきである。

（3）酪農対策：中小規模層を対象にした加工原料乳生産者補給金（不足払い）の新設を

加工原料乳については、“生産費を基準とし、それと販売乳価の差を補填する”加工原料乳生産者補給金の制度がある。この制度が、長年にわたり、わが国の酪農生産者を支えてきた。令和2年度の予算額は、367億6,800万円である。

表V-12は「北海道の規模別・牛乳生産費」を示す。これによれば、搾乳牛規模100頭以上1,310戸の牛乳100kg当たり生産費（6,656円）と49頭以下1,841戸の生産費（「20－29頭」層で8,746円）の間に大きな格差があることがわかる。100頭以上の生産費を100とすれば、20－29頭層は131であ

表V-12　北海道：搾乳牛規模別・牛乳生産費（2017年）

搾乳牛規模（頭）	経営体数	（％）	生産費（円／100 kg）	比較	
1－19	267	4.6	9,579	137	144
20－29	284	4.8	8,746	125	131
30－49	1,290	22.0	7,810	112	117
50－79	1,940	33.1	7,023	101	
80－99	773	13.2	6,887	99	
100－	1,310	22.3	6,656	95	100
北海道全体	5,864	100	6,976	100	

資料：農水省『平成28年度畜産物生産費』2018年7月、59頁、『畜産統計』2018年12月、p.56。

り、3割以上も生産費が高い。30－49頭層も、100頭以上より17％高い。

現在の加工原料乳生産者補給金制度（不足払い）は、生産費の平均を基準としている。そのことは、補給金制度は、規模の大きな生産者に有利で、規模の小さな生産者には不利である。こうした補給金制度のあり方は、規模の拡大を促すから好ましい、としうるだろうか。

規模拡大を大前提にすれば、そうなる。だが、日EU・EPAの大枠合意を契機に問われているのは、それだけではない。チーズ・乳製品の生産増大自体が問われている。

そのためには、規模の大小を問わず、チーズ生産を行う酪農生産者の牛乳生産の拡大と、生産者個人、生産者の共同、地域農協等による多様な形でのチーズ生産の推進が問われているのである。欧州でのチーズ生産は、まさに、そうした多様な形で行われている。

そうであるならば、現在の大規模酪農家が有利な加工原料乳補給金制度に加え、小規模層の被っている不利益を取り除いた制度を作る必要がある。それは、北海道全体の標準（平均）牛乳生産費（1）に加え、搾乳牛49頭以下の中小規模層（1,841戸）を対象とする加工原料乳補給金制度（2）を設定し、その中小規模層の生産を積極的に支えていくことである。多様なチーズ生産の拡大・発展は、その上にこそ、展望されると考えられる。

注

1）日本経済新聞、2015年7月24日。

2）農畜産業振興機構『畜産の情報　別冊統計資料』2017年9月、pp.46-47。

第Ⅵ章　2016年トランプ大統領の下、アメリカはTPPから離脱

1．アメリカ大統領選：TPPからの離脱を訴えるトランプ候補が勝利

2016年11月8日に行われたアメリカ大統領選挙において、「アメリカ第一主義、TPPからの離脱」を訴えたトランプ共和党候補が勝利した。トランプ次期（当時）大統領は、当選を受けて、「就任第1日目に、TPPから離脱する」と表明したのである。以下、当時を振り返りながら、アメリカのTPP離脱までの経緯をトレースしてみる。

オバマ政権下の議会において上院・下院の多数を占める共和党の指導部は、オバマ政権が会期中（2016年11月9日－1月3日）にTPP協定の実施法案を提起しても、採決に載せることはない、としていた。また、当のオバマ政権自体が、トランプ次期大統領の意向を踏まえ、「TPP 実施法を提起することはない」としていたのである。

このように、オバマ政権下において、TPP協定が採決される見込みはなくなった。また、トランプ次期（当時）大統領は、就任第1日目にTPPから離脱するとしていたのであるから、アメリカ次期大統領の下で、アメリカがTPPから離脱することは、ほぼ確実になった。

2．新大統領トランプの主張：アメリカ第一主義

大統領選におけるトランプ候補の基本的主張は、「アメリカ第一主義＝アメリカの雇用を守る」であった。「中国やメキシコがアメリカの雇用を奪った」として、「TPPからの離脱、NAFTA（北米自由貿易協定）の再協議、中国への45％の関税の賦課」を掲げたのである。

この主張が所得の低下に苦しむ白人労働者の支持を得た。

3．これまでの民主党支持層＝白人労働者がトランプを支持

白人と非白人とでは、大統領選挙における投票行動が大きく異なる。

CNN の出口調査（表 VI-1）によれば、非白人では、クリントン支持が圧倒的に多かった。黒人の 88％、ヒスパニック（スペイン語を話す人たち：主として、メキシコからの移住者）の 65％がクリントン候補に投票したのである（表 VI-1）。

これに対し、白人の 58％がトランプを支持した。なかでも、非大卒者（その中心は高卒の産業労働者）の 67％がトランプに投票したのである。彼らの行動が、接戦州（オハイオ、ミシガン、ウィスコンシン、ペンシルベニアなど）の行方をトランプ有利に導き、大統領選におけるトランプ勝利をもたらしたといっていい。

表 VI-1　アメリカ大統領選（2016 年 11 月 8 日）：CNN 出口調査

		トランプ支持（％）	クリントン支持（％）
白人	全体	58	37
	非大卒	67	28
非白人	ヒスパニック	29	65
	黒人	8	88
女性	全体	42	54

資料：CNN による出口調査。朝日新聞、2016 年 11 月 10 日。

4．トランプ勝利の背景：アメリカにおける低所得・貧困層の増大

表 VI-2 のように、2004 年から 2014 年への 10 年間において、米国における雇用は 1 億 4,410 万人から 1 億 5,050 万人へと 640 万人増加しているが、製造業の雇用は 210 万人減少していた。メキシコ（そこでアメリカ向けに自動車を生産する日本などの自動車企業）や東南アジア・日本からの輸出によって、アメリカの自動車産業・製造業の工場が廃業－縮小してきた。そこで働いてきた労働者のかなりの部分が、賃金の低い小売りやレジャー産業に移り、彼らは賃金－所得の低下に見舞われてきたのである。小売り・レジャー産業の平均賃金は、製造業の 6 割にとどまる[1]。

表 VI-2　アメリカ：セクター別の雇用人口（2004、2014 年度）

（単位：100 万人）

	2004	2014	変化（%）	変化（%）
製造業	14.3	12.2	-2.1	-14.7
小売り	15.1	15.4	0.3	2.0
健康・社会支援	14.4	18.1	3.7	25.7
レジャー	12.5	14.7	2.2	17.6
農業	2.1	2.1	0	0
Total	144.1	150.5	6.4	4.4

資料：アメリカ労働統計局（US Bureau of Labor Statistics）

また、米国の貧困人口（貧困ライン：表 VI-3 以下の人口）は、2007 年 3,730 万人から 2013 年 4,630 万人へと 900 万人増大し、全人口中の比率は 14.8% に達していた。2013 年には、アメリカ人 7 人に 1 人が貧困レベル以下の貧困人口なのであった（表 VI-4）。

表 VI-3　アメリカの世帯人数別の貧困ライン（2019 年度）

世帯人員数	貧困ライン（ドル）	貧困ライン（円）
1 人	1 万 2,000 ドル	125 万円
2 人	1 万 6,000 ドル	170 万円
4 人	2 万 4,000 ドル	250 万円

資料：USDA, Household Food Security in the United States in 2018, p.13.

注：1）1 ドル＝110 円で換算。

表 VI-4　アメリカ家族・中位所得と貧困ライン以下の家族数・人口

年	中位所得（1,000 ドル：2016 年価格）	貧困ライン以下			
		家族		人口	
		数（100 万）	全家族中の%	数（100 万人）	全人口中の%
2007	70.0	7.6	9.8	37.3	12.5
2008	67.7	8.1	10.3	39.8	13.2
2010	65.4	9.4	11.8	46.3	15.1
2013	67.5	9.6	11.7	46.3	14.8
2016	72.7	8.1	9.8	40.7	12.7
2017	79.7	7.8	9.3	39.7	12.3

資料：USA, Economic Report of the President, Feb. 2018, Census Bureau, People in Poverty, Aug. 2019.

貧困ラインは1人世帯で1万2,000ドル（125万円）、2人世帯1万6,000ドル（170万円）、4人世帯2万4,000ドル（250万円）である。そのレベルは、日本の生活保護世帯の水準と比べても決して高くない。この貧困人口増大のかなりの部分を、自動車などの製造業から賃金の低い業種に移行した白人労働者が占めていたわけである。

そうした白人労働者が存在する地域（オハイオ、ミシガン、ウィスコンシン、ペンシルベニア州などの産業地帯）は、これまでは、労働組合を支持母体とする民主党の基盤であった。

ところが、今回の大統領戦において、低所得の白人労働者は、現状の打開を求め、クリントンよりも強く「アメリカの雇用を守る」とした共和党のトランプ候補に投票したのである。CNNの出口調査によれば、非大学卒（中心は高卒）の白人の実に67％がトランプ支持であった。トランプの勝利は、こうした低所得・白人労働者の支持を得て、これまでの民主党の支持州を奪ったことにある[2)]。

5．アメリカ労働者大衆の認識＝TPPは雇用を奪い、格差を拡大する

北米自由貿易協定（NAFTA）の結果、アメリカには、メキシコから大量の工業製品が輸出されている。アメリカとの国境に近いメキシコの対米輸出地域において生産された自動車などである。それによって、アメリカの雇用が奪われ、アメリカの産業労働者は低賃金分野への移行を余儀なくされてきた。賃金の低下＝経済格差の拡大はその結果であり、TPPは格差を一層拡大する。これが、アメリカの労働者大衆の認識であるとみられる。

6．注視すべき2国間協定への動き

トランプ大統領決定時（2016年11月）に、私はトランプ政権の方向を以下のように考察した。

トランプ大統領は、TPPの代わりに、「アメリカの利益となる2国間協定を進める」とした。アメリカの利益の基準は雇用であろう。

日米2国間協定の場合、工業品については日本からの輸出贈、農産物はアメリカからの輸出増となる。雇用への影響は工業品の方が大きい。トランプ大統領の基準＝アメリカの雇用利益を基にすれば、日米FTAは簡単には爼上に上らないはずである。

トランプ大統領が、TPPの代わりの2国間貿易協定のなかに日米FTAを入れるのか、どうか。注視すべき時期を迎えようとしている、と。

2016年11月から3年後の2019年8月、トランプ大統領は日米貿易協定へ向けての日米交渉の開始を日本に迫り、日本政府はそれを受け入れたのである。

注

1）2016年8月の製造業の平均時給は26.08ドル、小売り・レジャーの平均時給は16.08ドル（アメリカ労働統計局）。

2）アメリカの大統領選挙は、総得票数で争うのではなく、州ごとに割り当てられた選挙人数をその州の得票数の多い候補者が獲得し、その合計選挙人数の多い候補者が勝利するという方式。今回の選挙でも、総得票数ではクリントン候補のほうが多かったが、選挙人数でトランプ候補が上回り勝利した。

第Ⅶ章　TPP11：合意凍結項目

アメリカ・オバマ政権の提唱によりTPP交渉が12か国（アメリカ、日本、カナダ、メキシコ、豪州、ニュージーランド、チリ、ペルー、シンガポール、ベトナム、マレーシア、ブルネイ）によって始まったのが2010年3月、トランプ政権の誕生とともにアメリカがほぼ合意に達していたTPP12から離脱したのが2017年1月。そして、アメリカを除くTPP11が交渉について最終的に合意・調印したのが2018年3月であった。

TPP11の最終合意は、アメリカを含むTPP12において合意していた関税分野に関しては、そのまま維持するとした。

1．合意凍結項目

そのうえで、関税以外のルール分野において、アメリカが強く要求しその要求が反映されている20項目について、「一時的に（アメリカが復帰するまで）凍結する」とした。

その凍結項目の主なものは、次の4項目である。

①　バイオ医薬品のデータ保護期間を「原則8年」とする。

②　著作権の保護期間を70年とする。

③　投資家対国家の紛争処理手続き（ISDS）。

④　国有企業への優遇措置の禁止。

2．バイオ医薬品のデータ保護期間をめぐる問題

“バイオ医薬品のデータ保護期間を何年にするのか”は、TPP交渉における最大の難関分野であった。

巨大な製薬会社を抱えるアメリカは、バイオ医薬品（生物学的薬剤：目下、

HIV の治療薬などで用いられており、今後がんなどの治療薬として薬品の中心になるといわれる）について、アメリカの現行法の通りに「開発会社による 12 年間の臨床データ独占使用期間を設けるべき」とした。アメリカ政府と製薬会社は、新薬の開発には多額の開発費がかかるから、新薬の開発を進めていくには、長期のデータ保護期間が必要としたわけである。

これに対し、豪州・ニュージーランドや途上国（ペルー・チリ）などは、「新薬の保護期間が長期になれば、廉価版薬剤（ジェネリクス）の販売が大幅に遅れ、薬価の上昇を引き起こすおそれが多い」として豪州・ペルーなどの現行国内法の期間＝5 年を主張した。

「原則 8 年」は、アメリカ 12 年、豪州などの 5 年の中間をとった妥協の産物であった。

だが、アメリカ以外の豪州や途上国はデータ保護期間は短い方がいい。豪州や途上国にとっては 8 年でも長いのであり、そこから「原則 8 年」のバイオ医薬品データ保護期間は凍結に至ったのである。

3．著作権の保護期間

TPP12 において、「著作権の保護期間を著者の死後 70 年とすべき」としたのは、アメリカ、豪州、シンガポール、チリ、ペルー。これらの国の著作権は 70 年だからであった。対して、日本、カナダ、ベトナム、マレーシア、ブルネイ、ニュージーランドは 50 年である。

マレーシアやベトナム・ブルネイなどのアジア途上国は、教育・知識の普及にとって長期の保護期間は好ましくないとして 70 年に反対した。彼らの主張が、アメリカが抜けた TPP11 において主流になったといえよう。

4．投資家対国家の紛争処理手続き

「投資家対国家の紛争処理」とは、「投資家が、投資先の国に投資協定に違反する行為があると考えた場合、投資先の国の裁判所を経ることなく、直ちに国際的な紛争処理手続き（国際投資紛争解決センター）に訴えることができる」というもの。

その審理で、相手国政府が投資家に損害を与えていると判断されれば、相手国政府は賠償支払いの義務を負う。

ただし、ここの「本国の裁判所を飛び越えて、直ちに国際的な紛争処理手続きに訴えること」が、本国の主権にかかわり得ると問題視されてきた。その結果の凍結であった。

5．「国営企業への優遇措置の禁止」問題

TPP12は、原則として、国営企業への優遇措置を禁じていた。アメリカの主張によってである。アメリカが中国の国営企業を強く意識して策定されたものである。

TPP11参加国のなかのベトナムやマレーシアにおいては、国営企業が大きな位置を占めている。TPP12の協定においては、そのベトナムとマレーシアの国営企業にはいくつかの例外措置を認めていた。

だが、ベトナムやマレーシアにとっては、「いくつかの例外措置」では不十分なのであろう。「国営企業への優遇措置」も凍結された。

このように、アメリカ主導のもとに設定された項目が凍結されたのである。その結果、TPP11は、かなりの程度、アメリカ色を減じることになったといえよう。

6．日本にとっての課題

TPPにより、牛肉の関税は、協定発効後1年目に現行38.5%から27.5%に11%ポイント（約3分の1）引き下げられる。以降、段階的に削減されていき、10年目に20%になり、15年目に9%にまで引き下げられる。その水準は、現行38.5%の4分の1にすぎない。

また、キログラム524円以上の高い豚肉の関税（現行4.3%）は、10年目に撤廃され、キログラム65円以下の安い豚肉の関税（一律482円）は、1年目に現行482円の4分の1の125円に、10年目に現行の約10分の1の50円に引き下げられる。

こうした事態に対し、政府・TPP対策大綱（2015年11月）は、肉用牛と

養豚の畜産経営安定対策について、「粗収益と生産コストとの差の補填を、8割から9割にする」。その基金への拠出金について、養豚の「生産者1：国1」を肉用牛と同じ「生産者1：国3」とする、とした。これらの点は評価しうる。

ただし、「生産者が基金の4分の1を払う」ことを前提にすれば、実質的な補填水準は、差の約3分の2＝67.5％（90％×0.75）にとどまることが留意される必要がある。差の10割補填が、なお、課題として残っている。

第Ⅷ章　TPP11 発効と日米貿易協定

1．TPP11：必要なセーフガード基準の再協議

トランプ政権の下で TPP12 から離脱したアメリカを除く TPP11（日本、カナダ、豪州、ニュージーランド、シンガポール、メキシコ、チリ、ペルー、マレーシア、ベトナム、ブルネイ）協定は、2018 年 12 月 30 日に発効した。

TPP11 における牛肉のわが国の関税は、協定発効後 1 年目に現行 38.5%から 27.5%に 11%ポイント（約 3 分の 1）削減され、以降段階的に削減されていき、10 年目に 20%に、15 年目に 9%に引き下げられる（前掲表Ⅳ-3)。

この大幅な関税引き下げに伴う牛肉輸入量の急増を抑制するために、セーフガード（緊急輸入制限措置）が設定されている。その発動基準は、1 年目 59 万トン、5 年目 73.8 万トンである。

発動されれば、関税は元の高い水準（1 年目ならば 38.5%、15 年目 18%）に戻される。

TPP 協定締結時（2015 年）前年の日本の牛肉輸入量は 51.6 万トンであったから、59 万トンの発動水準は、当時においては意味のある水準だといっていい。

ところで、2018 年の牛肉輸入量は総計 62 万トンになっている。豪州から 31 万トン（全体の 51%)、アメリカから 25 万トン（41%）であった[1)]。

上述の TPP11 における牛肉の輸入制限発動基準は、牛肉の輸出大国アメリカを含む TPP12 において合意された基準量を引き継いだものである。

だが、そのアメリカが TPP12 から離脱し、そのもとで TPP11 の発効が確定したわけである。

このセーフガード発動基準のまま進めば、豪州から日本への牛肉輸出量は、アメリカを含んで決定された枠を前提に、思う存分に拡大するであろう。

TPP11において、牛肉セーフガード発動機準の修正が求められているのである。

日本政府は、豪州などに、TPP11の牛肉セーフガード発動基準から、アメリカ分を差し引く協議を求める方針とされる。当然の対応である。

日本政府は、TPP協定の牛肉セーフガード基準についての再協議に早急に着手する必要がある。

2．日米貿易協定の大枠合意

2019年8月25日、日米貿易交渉は大枠合意に達した。交渉開始後5か月でのスピード決着であった。それは、日米両国に同じような合意目標が存在したからであろう。その目標の目安というのは、TPP11 における牛肉・豚肉の関税削減率（牛肉：現行38.5％から協定発効後1年目に27.5％、10年目に20％、15年目に9％に。安い豚肉：1年目に現行482円／kgの4分の1の125円に、10年目に10分の1の50円に）であったと考えられる。

牛肉で15年後9％の関税は、国境保護措置の役割をほとんど果たし得ないレベルに近い。

また、日本養豚協会の志澤勝会長（当時）は、「豚肉の関税をキログラム50円とした場合、米国産の低価格部位は、課税後350円程度で輸入され、国産相場も同水準まで暴落する。国内の養豚業者は、わずかしか生き残れない」としていたのである[2)]。

TPP11に続いて日米貿易協定は、日本の農業にとって、極めて遺憾な合意といわざるを得ない。

3．問われる経営安定対策の拡充

牛肉については、肉用肥育牛経営安定対策事業（いわゆる新マルキン）がある。生産者も資金を拠出すること（国3：生産者1）を前提に、平均生産費を保障の基準とし、平均販売額（粗収益）が平均生産費を下回った場合に、その差の9割が補填される。

だが、生産者が基金の4分の1を支払うことを前提にすれば、実質的な補填水準は、差の約 3 分の 2＝67.5％（90％×0.75）にとどまることに注意する必要がある。

EU やアメリカでは、不足払いの資金の全てを政府が支払っている。

生産者の拠出金を廃した“差の 10 割補填”が、重要な課題として残っているといわなければならない。

注

1）農畜産業振興機構、『畜産の情報　別冊統計資料』2019 年 9 月、p.20。
2）日本経済新聞、2015 年 7 月 24 日。

第Ⅸ章　トランプ大統領：アメリカ第一主義の問題

2016年の大統領選におけるトランプ大統領の基本的主張は「アメリカを再び偉大にする（Make America Great Again）」であった。そのために、「アメリカの利益を優先する」＝「アメリカ第一主義」を標榜した。具体的には、「アメリカの雇用を守る」ことを焦点に据えていたのである。

こうしたトランプ大統領の主張の背景には、アメリカの雇用構造の変化、それに伴う労働者の賃金・所得の低下があったと考えられる。

１．製造業雇用の減少

2004年から2014年に至る10年間において、米国における雇用は1億4,410万人から1億5,050万人へと640万人増加した。しかし、製造業の雇用は210万人（16％）減少していた（前掲表Ⅵ-2）。

メキシコ（そこでアメリカ向けに自動車を生産する日本などの自動車企業）や中国・東南アジア・日本からの工業製品の輸出によって、アメリカの自動車・鉄鋼産業－製造業の工場が廃業・縮小してきた。そこで働いてきた労働者のかなりの部分が、賃金の低い小売りやレジャー産業に移り、彼らは賃金－所得の低下に見舞われてきたのである。小売り・レジャー産業の平均賃金は、製造業の6割にすぎなかった。2016年8月の製造業の平均時給は26.08ドル、小売り・レジャーの平均時給は16.08ドルなのであった（アメリカ労働統計局）。

２．貧困人口の増大

また、米国の貧困人口（貧困ライン以下の人口）は、2007年3,730万人から2013年4,630万人へと900万人増大し、全人口中の比率は14.8％に達していた（前掲表 VI-4）。2017 年には 3,970 万人に減少していたが、それでもアメリカ人 8 人に 1 人が貧困レベル以下の貧困人口なのであった。

2019 年の貧困ラインは 1 人世帯で 1 万 2,000 ドル（125 万円。1 ドル＝110 円）、2 人世帯 1 万 6,000 ドル（170 万円）、4 人世帯 2 万 4,000 ドル（250 万円）であった（前掲表 VI-3）。そのレベルは、日本の生活保護世帯の水準と比べても決して高くない。この貧困人口増大のかなりの部分を、鉄鋼・自動車などの製造業から賃金の低い業種に移行した白人労働者が占めていたわけである。

そうした白人労働者が存在する地域（オハイオ、ミシガン、ウィスコンシン、ペンシルベニア州などの産業地帯）は、これまでは、労働組合を支持母体とする民主党の基盤であった。

3．白人労働者のトランプ支持

ところが、1996 年の大統領戦において、低所得の白人労働者は、現状の打開を求め、クリントンよりも強く「アメリカの雇用を守る」とした共和党のトランプ候補に投票したのである。CNN の出口調査によれば、非大学卒（中心は高卒）の白人の実に 67％がトランプ支持であった（前掲表Ⅴ-1）。トランプの勝利は、こうした低所得・白人労働者の支持を得て、これまでの民主党の支持州を奪ったことにあった。

トランプ大統領は、大統領就任直後に、公約通り TPP から離脱した。TPP は、日本・東南アジア諸国からアメリカへの工業製品輸出をさらに拡大してアメリカの雇用を奪い、アメリカの経済格差を拡大するとされたのである。

4．TPP に続き、地球温暖化防止のパリ協定からも離脱

さらに、2017 年 6 月 1 日、トランプ大統領は、地球温暖化防止のためのパリ協定から離脱した。

電気自動車のテスラや化学大手デュポンなど 1,000 社以上が参加するアメリカ企業の有志連合がトランプ大統領にパリ協定にとどまるように訴え

たにも関わらず。

トランプ大統領は、「パリ協定に従えば、2025 年までに、270 万人の雇用が失われる」「中国やインドは十分な取り組みをせず、何百もの石炭火力発電所を建設できるから、パリ協定はアメリカにとって非常に不公平である」としたのである。

だが、実際には、「中国は、今年（2017 年）100 基以上の石炭火力計画を中止し、インドは太陽光などの再生可能エネルギーへの投資を加速している」とされる。

それだけではない。途上国の温暖化対策を支援する「緑の気候基金」に対しても、トランプ大統領は、「多くの国は何も出していない」と主張し、資金拠出の停止を表明した。実際は、途上国を含む 43 カ国が拠出を表明し、日本もアメリカに次ぐ 15 億ドルを約束していたのである（朝日新聞、2017 年 6 月 9 日）。

パリ協定は、地球温暖化を防ぐために 190 か国以上が合意した歴史的な枠組みである。その枠組みは、最大限尊重されなければならない。そこから、世界最大の経済国アメリカが離脱するというのは、極めて遺憾である。

自国の雇用を守ることは大事だが、地球温暖化防止の枠組みの形成とともに、雇用の拡大も図られる必要がある。

5．ニューヨーク州など 3 州と 85 都市の独自の動き

そのアメリカにおいて、パリ協定からの離脱に反対し、独自の対策をとる自治体が続出したという。ニューヨーク、カリフォルニア、ワシントン州の 3 知事は、トランプ大統領の離脱を公然と批判し、協定の内容を順守する同盟を作ったと報じられている。ニューヨーク、カリフォルニア、ワシントンの 3 州は、ともに、民主党支持者が多数で環境問題に深い関心を持っていることによるものであろう。

それだけではない。全米 85 都市の市長も共同で声明を出し、パリ協定に基づく温暖化対策を各都市において実行していくと公表したのである。

「アメリカの国内雇用を守る」－そのポイントは、製造業雇用の拡大に

ある。賃金水準の高い製造業雇用の拡大こそが、アメリカ労働者の賃金－所得水準の低下に歯止めをかけうるからである。

トランプ政権と議会共和党には、そのための政策：①大規模なインフラ投資によるインフラの整備、②企業の国内投資を促す法人所得税（現行30％）の引き下げが問われている。

トランプ政権は、そうした政策の必要性を認識しているようにも見られる。しかし、ロシアゲートをめぐる政治的混乱でその策定と実行が停滞していたとみられる。

トランプ政権と議会共和党には、これらの政策の遅滞ない策定と実行が問われている。

第X章　米中経済摩擦：背景と行方

1．アメリカによる関税の引き上げ

2018 年 3 月、アメリカ政府は、安全保障の維持を理由に、通商拡大法 232 条に基づき「鉄鋼に 25％、アルミニウムに 10％の追加関税を課す」と発表した。

WTO 協定では、一方的な関税の引き上げは厳しく禁じられている。唯一の例外は、安全保障にかかわる場合である。しかし、現在のアメリカに国家の安全保障にかかわる事態は存在しない。安全保障は、明らかにアメリカの国内保護の口実である。

だが、この問題を WTO に持ち込んでも、WTO において審議する紛争処理委員会の設置－そこでの審査等には少なくとも 2 年くらいはかかる。その間は、引き上げられた関税が実行されるわけである。このようにして、アメリカの鉄鋼・アルミの関税は引き上げられた。

主要な被害国の 1 つである中国は、4 月 2 日、アメリカからの豚肉輸入に対し 25％の報復関税をかけるとした。

2018 年 5 月、アメリカは、車の関税（現行 2.5％）に最大 25％の追加関税を課すことを検討すると表明したのである。

そして、6 月にアメリカは、3 月の時点では鉄鋼・アルミの関税の引き上げを猶予していた EU、カナダ、メキシコに対しても、その引き上げを発動した。

これに対し EU は、即 6 月 7 日に、第一段として「最大 28 億ユーロ (3,600 億円) の報復関税を課す」とし、メキシコも同様の立場を表明した。このように、アメリカの関税引き上げによって、関税引き上げ－貿易戦争の様相が生まれつつある。米中経済摩擦は、その主要な一環をなしている。

2．米中摩擦の全体像

2017 年の中国からアメリカへの物品の輸出額は 5,056 億ドル（55 兆 6,160 億円）、アメリカから中国への輸出額は 1,303 億ドル（14 兆 3,330 億円）。アメリカの貿易赤字額は 3,752 億ドル（41 兆 2,720 億円）に及んだ（表 X-1）。

すでに、2013 年時点で、アメリカの貿易赤字額は 3,000 億ドルを超えて 3,186 億ドル（35 兆 460 億円）に達していたのである。

2017 年の中国からの主な輸出品は、①テレビや洗濯機などの電気製品 5,990 億ドル（全体の 26.4%）、②コンピュータ等の機械 3,830 億円（16.9%）であり、自動車は 8 位 674 億円（3%）、鉄鋼は 9 位 573 億円（2.5%）にとどまる（表 X-2）。

かっての 1980 年台後半－90 年台初頭の日米経済摩擦にあっては、摩擦の中心は、自動車（乗用車）であった。日本から輸出された車が、アメリカのビッグスリー（GM、フォード、クライスラー）の車に対し、品質面で優位に立ち、アメリカでのシェアを伸ばし、アメリカ・メーカーを追い込ん

表 X-1　アメリカの中国との物品貿易（2009－2017 年）

（単位：億ドル）

年	アメリカの輸出額	アメリカの輸入額	差（貿易赤字額）
2009	695	2,964	-2,269
2013	1,218	4,404	-3,186
2017	1,303	5,056 [1)]	-3,752

資料：アメリカ・センサス局。
注：1) 中国の輸出総額 2 兆 2,633 億ドルの 22.3%。

表 X-2　中国の輸出品と輸出額（2017 年）

（単位：億ドル）

順位	品目	輸出額	輸出総額 [1)] への%
1	電気製品・同設備	5,990	26.4
2	コンピュータを含む機械	3,830	16.9
8	自動車	674	3.0
9	鉄鋼製品	573	2.5

資料：表 X-1 と同じ。
注：1) 2 兆 2,633 億ドル。

だのである。この摩擦は、日本の輸出自主規制（日本から輸出する車を一定の数量内に自主的に制限すること）とアメリカへの輸出をアメリカでの現地生産に切り替えることによって緩和された。

では、中国からアメリカに大量に輸出されている電気製品や「コンピュータを含む機械」を生産している中国企業が、アメリカ現地生産に切り替えることが可能であろうか。日本の自動車・電機産業は、少数の大企業が中心をなしていたから、その大企業による海外生産が可能であった。しかし、現在の中国の電機・機械産業は、なお多くの中小企業からなり、その大企業も国際展開力を持つには至っていないといわれる。米中経済摩擦の緩和－解消は容易ではないといえよう。

第XI章　総括：
ガット・ウルグアイ・ラウンド農業交渉

1．はじめに

ガット（General Agreement of Tariff and Trade：関税と貿易についての一般協定。同時に、そのための国際組織。以下、ガット）の下で、1986年9月ウルグアイで始まった第8回目の多国間貿易交渉（表XI-1）は、1993年12月に妥結・合意した。

農業合意のポイントは、次の3点であった。

① 関税以外の全ての国境措置を関税化する（一律関税化）。

② 輸出補助金について各品目の数量も規制（削減対象と）する。

③ 国内保護も削減対象とする。

このウルグアイ・ラウンド（以下、URと略）農業交渉について、(1) 交渉の背景、(2) 交渉のプレイヤーと交渉の経緯、(3) 合意内容、(4) UR

表XI-1　ガット一般関税・貿易交渉

関税－貿易交渉名（別名）		時期	場所	参加国数	譲許税目数
第1回		1947	ジュネーブ	23	45,000
2		1949	アヌシー（フランス）	32	5,000
3		1950～51	トーキー（イギリス）	34	8,700
4		1956	ジュネーブ	22	3,000
5	ディロン[1]・ラウンド	1961～62	〃	23	4,000
6	ケネディ[2]・ラウンド	1964～67	〃	46	30,300
7	東京[3]・ラウンド	1973～79	〃	99	33,000
8	ウルグアイ・ラウンド	1986～93	〃	128	
9	WTO交渉	2000～	〃	162	

資料：三宅正太郎『貿易摩擦とガット』（日本関税協会、1985年）p.62。

注：1）当時のアメリカの国務長官の名前にちなむ。

2）開催を呼びかけたアメリカのケネディ大統領にちなむ。

3）スタートが宣言された閣僚会議の開催地であった東京にちなむ。

合意に基づくわが国の約束と実施、の順に検討していくこととする。

2．UR交渉の背景：輸出補助金を用いた米欧輸出競争

（1）UR交渉のプレイヤー：米・EU・日・豪が中心

UR 交渉には、128 か国が参加した。その前の東京ラウンドの参加国は 99 か国であったから、過去最大の参加規模の交渉となったわけである。

その中心プレイヤーは、アメリカ、EU（表XI-2）、日本、豪州の 4 か国・地域。豪州は、ケアンズ・グループ 13 か国（1986 年）（表XI-3）の盟主として、交渉に臨んだのである。

表XI-2　EU加盟国（1990年の12か国）

1958年加盟	フランス、西ドイツ、イタリア、オランダ、ベルギー、ルクセンブルグ
1973年加盟	イギリス、アイルランド、デンマーク
1981年加盟	ギリシャ
1986年加盟	スペイン、ポルトガル

資料：服部信司『ガット農業交渉』富民協会、1990年9月、p.37。

表XI-3　ケアンズ・グループ[1)]：ガット加盟13か国（1986年）

	国名	輸出農産物
北米	カナダ	小麦
中南米	アルゼンチン	小麦、トウモロコシ
	ブラジル	大豆、オレンジジュース
	ウルグアイ	牛肉
	チリ	果物
	コロンビア	コーヒー
オセアニア	オーストラリア	小麦、牛肉、羊毛
	ニュージーランド	乳製品
アジア	タイ	コメ、トウモロコシ
	フィリピン	砂糖、パイナップル
	マレーシア	パーム油
	インドネシア	天然ゴム
東欧	ハンガリー	小麦

資料：服部信司『WTO農業交渉2004』農林統計協会、2004年10月、p.7。
注：1) 1986年オーストラリアのケアンズに集まった輸出補助金を用いていない農産物輸出国。

（2）UR 交渉の焦点＝農業交渉

UR 交渉は、3 分野 15 グループの多くにわたっていた。その特徴は、交渉全体の焦点に農業が位置していたことである。

UR の主唱者であるアメリカとケアンズ・グループ諸国（豪州・カナダなど“輸出補助金を用いていない農産物輸出 13 か国”）が、「農業についての合意がなければ、他分野についての合意もない」としたからである。実際、いくつかの交渉分野は、農業が合意に達して、初めて合意したといわれる[1)]。

なぜ、アメリカは、UR 交渉の焦点に農業交渉を設定したのか。それには、次のような理由があった。

① UR 交渉の始まった 1986 年に至る 80 年代前半において、アメリカの農産物輸出額は、81 年の 438 億ドルから 86 年 263 億ドルへと 40％も減少し[2)]、その農産物貿易黒字額も 80 年 239 億ドルから 86 年 48 億ドルへと 5 分の 1 に激減した[3)]。

こうした輸出減は、世界の輸入需要が 80 年代に入って減少ないし停滞に転じたこと、穀物輸出圏に転じた EU が、輸出補助金を用いた輸出によって、アメリカの輸出市場に進出したことから生まれたのである。

② このアメリカの農産物輸出の減少と農産物貿易黒字の激減は、アメリカの貿易赤字が 1980 年の 254 億ドルから 86 年の 1,440 億ドル[4)]へと激増するなかにおいて発生した。

ここから、UR 交渉において、EU の輸出補助金を撤廃ないし大幅に削減させること、アメリカの農産物輸出にとって障壁となっている他国の国境措置（EU の輸入課徴金、日本の米についての輸入制限など）を引き下げていくことが、単にアメリカ農業にとってだけでなく、アメリカ全体の課題となっていた。

③ 同時に、輸出補助金を用いていない（用いようにも、その財政的余裕がない）農産物輸出国＝ケアンズ・グループにとっては、EU による輸出補助金の使用とそれに対抗したアメリカの輸出補助金付き輸出への着手によって、輸出価格が人為的に引き下げられたことは、農産物貿易

の著しい歪みを意味した。また、それは、農産物輸出が輸出全体のなかで大きなウエートを占めるこれらケアンズ・グループ諸国にとっては、極めて重大な事態であった。

こうした事情により、農業交渉は、UR交渉の焦点に位置するに至ったのである。

（3）EUの国境措置と輸出補助金制度

図XI-1が、1980年代のEU（80年代のEC。以降もEUとする）における国境措置と価格支持制度、図XI-2が小麦の場合の具体的な価格関係を示す。

① 指標価格が全体の政策価格の基準となっており、これは、「生産者が実現することが望ましい価格」として、生産費・需給事情等を勘案して決められる。

② この指標価格から、運賃・諸掛かり（域内最不足地域＝西ドイツのデュイスブルクからオランダのロッテルダム等輸入港までの）を差し引いた価格が境界価格である。EU への輸入農産物は、この境界価格以下では、

図XI-1　EUの小麦輸出補助金・輸入課徴金・価格支持制度

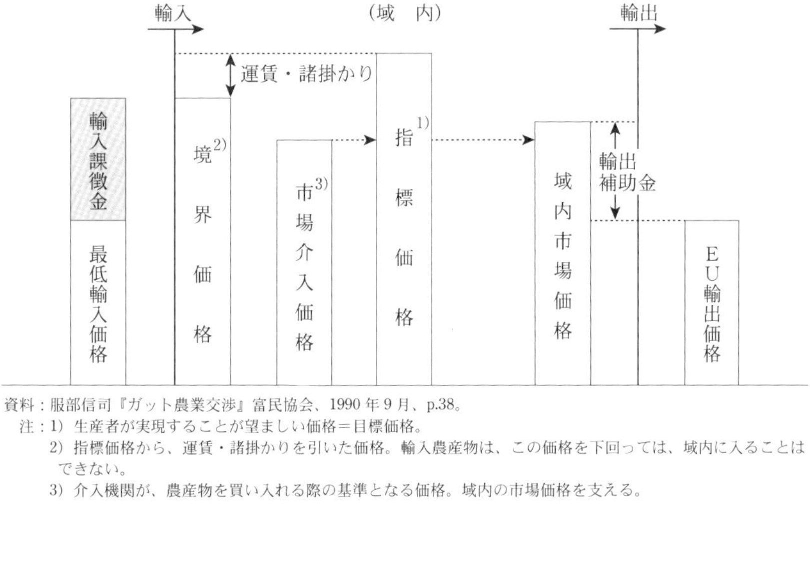

資料：服部信司『ガット農業交渉』富民協会、1990年9月、p.38。

注：1）生産者が実現することが望ましい価格＝目標価格。

2）指標価格から、運賃・諸掛かりを引いた価格。輸入農産物は、この価格を下回っては、域内に入ることはできない。

3）介入機関が、農産物を買い入れる際の基準となる価格。域内の市場価格を支える。

図 XI-2　EU の小麦価格関係（1987 年 4 月）

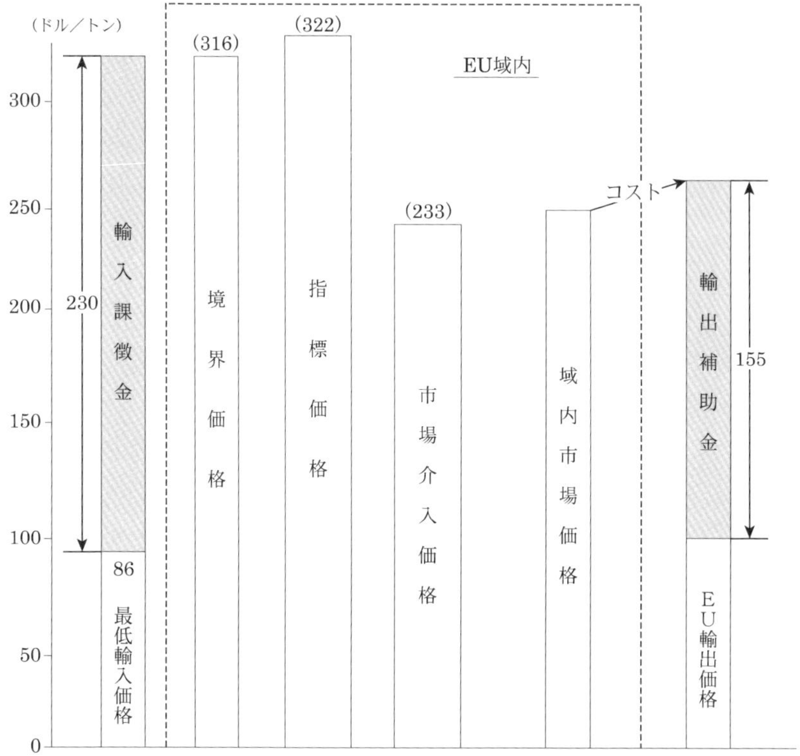

資料：服部信司『ガット農業交渉』富民協会、1990 年 9 月、p.40.

域内に入ることはできない。

③　輸入農産物に対しては、境界価格から最低輸入価格を差し引いた額が輸入課徴金として徴収される。

④　この輸入課徴金と対極に位置しているのが輸出補助金（Export Refund：輸出払戻金が正式の呼称）で、域内市場価格と国際市場価格との差について、輸出を行う穀物商社に対して支払われる。

⑤　さらに、域内において、介入機関により、域内市場価格を下支えする市場介入活動が行われた。その目安が、指標価格の 70％くらいに設

定される市場介入価格であった。

輸入課徴金の対象には、大豆以外のほぼ全ての農産物が入っており、その範囲は極めて広く包括的であった。

EU は、この厳しい国境措置のもとで域内農業を保護するとともに、輸出補助金を積極的に用いて、アメリカなどの輸出市場を侵食して、穀物輸出を拡大し、80 年代には、穀物の純輸出圏に転じたのである（図 XI-3）。

これに対し、アメリカも輸出補助金を用いて EU に対抗し、アメリカの輸出市場を維持・防衛しようとした。こうして、80 年代にアメリカと EU の間において、輸出補助金を用いた輸出合戦が展開されていったのである。

UR 農業交渉は、そうしたなかで行われたわけである。

図 XI-3　EU12 の穀物純輸出量 1)

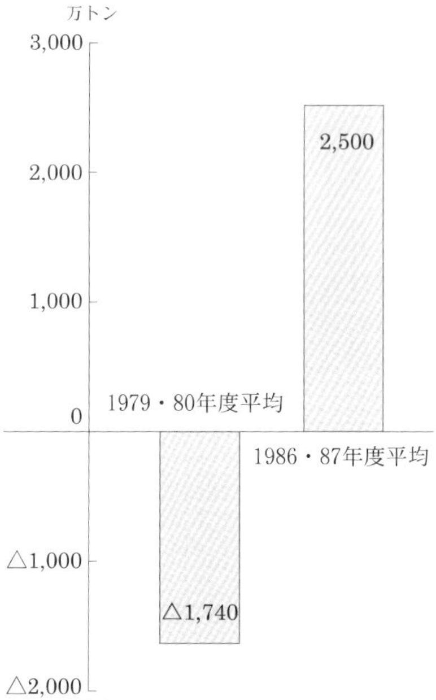

資料：USDA, World Grain Situation and Outlook, March 1990, p.18 より。
注：1）輸出マイナス輸入量。

3．UR 農業交渉の経緯

（1）主要国の最終提案

(A) アメリカ（1990 年 10 月）

① 輸入制限などの全ての関税以外の国境措置について、そのもとでの内外価格差を関税におき直す。その関税を 10 年間で 75％削減する。いわゆる関税化案である。

② さらに、輸入量が極めて少ない品目については、国内消費量の 3％を低い関税で即時開放。その後 10 年間で、その枠を 5.25％に拡大する。いわゆるミニマム・アクセスの考え方の提起である。

④ 国内支持については、生産の拡大を促し、貿易を歪曲する国内政策について、その保護水準〔「内外価格差」×「生産量」＋「財政支出」〕を 10 年間で 75％削減する。

⑤ 輸出補助金を 10 年間で 90％削減する、とした（表 XI-4)。

表 XI-4　UR 農業交渉におけるアメリカ、EU、日本の最終提案
(1990 年 10〜11 月)

	国境保護	国内支持	輸出補助金
アメリカ	・全ての輸入制限を関税化（関税に置き直し)、10 年間で 75％削減。10 年後に関税率を国際価格の 50％以下とする。 ・国内消費量の 3％を即開放。その後 10 年間で、その輸入枠を 5.25％に増やす。基準：86〜88 年	・生産を拡大し、貿易を歪曲する政策について 10 年間で 75％削減。 ・基準：1986〜88 年平均	・10 年間で 90％削減。 ・基準：1986〜88 年
EU	・条件付き（大豆等の関税引上げ）で、輸入課徴金制度の一部を関税化する。 ・削減率は、域内支持の削減率に合わせる。	・1987 年→96 年の 10 年間で 30％削減。 ・基準：1986 年	・独自の削減幅は設けない。
日本	・国境保護と国内支持について、10 年間で 30％削減。 ・基準：1986 年 ・基礎的食料は食料安全保障上、関税化の例外とする。		・撤廃すべき

資料：服部信司『WTO 農業交渉 2004』農林統計協会、2004 年 10 月、p.11。

(B) EU（1990 年 11 月）

これに対し、EU は、

① 関税化については、基本的に応じる。

② 国内支持の削減率を 10 年間で 30%削減とし、関税削減率も同じとする。

③ 輸出補助金については、独自の削減率は設定しない、とした（前掲表 XI-4）。

関税化の原則は受け入れるとしつつも、輸出補助金を交渉分野にすることは、拒否し続けたのである。

(C) 日本（1990 年 10 月）

日本の態度にも触れておこう。

日本は、

① 関税（国境保護）と国内支持の削減について、EU と同様、各 30%を提起。

② 輸出補助金は撤廃すべきとしつつも、

③ 基礎的食料は、関税化の例外とすべき、とした（前掲表 X-4)。

基礎的食料（わが国の米など）については、輸入制限が認められるべき、とする日本の立場を堅持したのである。

（2）EU 共通農政改革（1992 年 5 月）

アメリカの最終提案を通して対応を問われたのは、EU であった。輸出補助金を交渉分野（保護削減対象）とすべき、という点については、アメリカだけではなくケアンズ・グループや日本も同じ主張であり、反対していたのは、EU だけであったからである。EU は、孤立したといえる。

ここから、EU は、輸出補助金問題に対応し得る体制を作りだすために、急きょ、共通農政改革に着手していく。

閣僚会合のわずか 1 か月後、1991 年 1 月末に、EU 農業委員マクシャーリは、改革についてのマクシャーリ案を提起した。その半年後には、改革案が EU 委員会においてまとまる。異例の速さであったと言っていい。この速さのなかに、EU の陥っていた厳しい状態が示されていたと言えよう。

共通農政改革は、次の 3 点を骨子としている（表 XI-5)。

表 XI-5　EU の共通農政改革[1)]（1992 年 5 月）

支持価格	穀物　：29％引き下げ バター：　5％引き下げ 牛肉　：15％引き下げ （1993－1995 年で引き下げ）
直接補償	支持価格の低下を直接支払いで補償する。
生産調整	直接補償を得るためには 15％の減反。 ただし、耕地 20ha 以下の農場は免除。 休耕地についても一定の補償 （ヘクタール当たり 253ECU＝約 3 万 6,000 円）。

資料：服部信司『WTO 農業交渉 2004』農林統計協会、2004 年 10 月、p.18。
注：1）最終合意内容。当初の改革案は、1991 年 7 月に EU 委員会でまとまる。93 年度より実施。

① 支持価格の引き下げ：穀物の支持価格を 29％引き下げる。
② 直接支払いの導入：その引き下げた分を、直接支払いで補償する。
③ 生産調整の導入：直接支払いを得るためには、15％の減反を行わなければならない。

改革の中心は、直接支払い（直接補償）と生産調整の導入である。

1960 年代に共通農業政策が発足して以降、そのなかに生産調整は含まれていなかった。この改革において生産調整が導入され、それによって、EU 委員会は初めて、輸出補助金の削減交渉に応じることが可能になった。EU においては、輸出補助金の削減はストレートに生産の削減に結びつくからである。

この共通農政改革案がまとまったのは 1991 年 7 月であった。これを契機に、アメリカと EU の交渉（2 国間の秘密交渉）が進められた。

（3）ダンケル合意案（1991 年 12 月）

こうしたなかで、1991 年 12 月 20 日、ダンケル・ガット事務局長から、農業を含む 15 分野全体についての包括合意案が提起された（表 X-6）。

そこで、

① 関税以外の全ての国境措置を関税化する。
② 輸出補助金を削減対象とし、金額ベースだけでなく、数量ベースの削減幅（7 年間で 24％）を提起した。

表 XI-6　米－EU 合意（ブレア・ハウス合意）とダンケル合意案

項目	ダンケル合意案（1991 年 12 月）	米－EU 合意（1992 年 11 月）
輸出補助金付き輸出量の削減	24%削減。（基準 1986〜90 年）	21%削減。（基準 1986〜90 年）
（生産調整に伴う）直接支払い	含まず。	保護削減対象から外す。
国内保護	各品目ごとに 20%削減。	各品目ごとではなく、それらを総合したトータル AMS[2] をベースとして削減[3]
油糧種子問題	含まず。	EU の油糧種子生産面積[1]（補助金付き）を 10%削減。

資料：服部信司『WTO 農業交渉 2004』農林統計協会、2004 年 10 月、p.18。
注：1）現行 550 万 ha。しかし、512 万 8,000ha をベースとする。現行からは 16%の削減となる。
2）AMS＝〔内外価格差×生産量〕＋〔直接支払い〕＋〔間接補助〕
3）この結果、米・欧・日：先進主要国は事実上、国内保護の削減は必要なくなる。

③　国内支持についても、独自の保護削減対象として設定し、品目ごとに 20%削減を提起した。

このダンケル案は、アメリカの最終案をベースにしつつ、それまでの交渉での合意点を基に、なお残る不一致点については、ダンケルが裁定を書き込むという形で作成されたものである。

これを基に、1992 年 11 月、アメリカと EU の間で農業合意が成立したのである。

（4）米－EU 農業合意（ブレア・ハウス合意：1992 年 11 月）

このダンケル案を基礎にして成立したのが、1992 年秋の米－EU 農業合意（前掲表 XI-6）である。

そこにおいて、

①　輸出補助金付きの輸出数量を、ダンケル合意案の 24%から 21%に引き下げる。

②　生産調整に伴う直接支払い（EU の直接支払いとアメリカの不足払い）[5] を国内保護の削減から外す。

③　国内保護の削減については、個々の品目ごとではなく、それらのトータルをベースとして削減する（これによって、アメリカ、EU、日本とも、

表 XI-7　農業についての UR 合意（1993 年 12 月）

<table>
<tr><th colspan="2"></th><th>削減方法と削減率</th><th>基準年</th></tr>
<tr><td colspan="2">輸出補助金</td><td>金額（財政支出）で 6 年間で 36%、
数量ベースで同 21%削減
新しい品目に輸出補助金をつけてはならない。</td><td>1986～90 年平均</td></tr>
<tr><td colspan="2">国内保護</td><td>生産を刺激する政策
貿易を歪曲する政策
その保護水準を、品目のトータルを基準として 6 年間で 20%削減</td><td>1986～88 年平均</td></tr>
<tr><td rowspan="4">市場アクセス</td><td>国境措置</td><td>全ての非関税国境措置について、その内外価格差を関税化する。関税化方式は従量税[1]、従価税[2]のいずれかを選択。全品目の単純平均で 6 年間で 36%、1 品目最低 15%の削減。</td><td rowspan="4">1986～88 年平均</td></tr>
<tr><td colspan="2">関税化についての特例措置を設ける（基礎的食料）</td></tr>
<tr><td>最低輸入機会の提供</td><td>初年度：国内消費量の 3%、最終年度同 5%の輸入機会を提供。</td></tr>
<tr><td>現行輸入機会の提供</td><td>基準年の輸入量が最低輸入機会を上回っていれば、その輸入水準を維持。</td></tr>
</table>

資料：服部信司『WTO 農業交渉 2004』農林統計協会、2004 年 10 月、p.21。
注：1）従量税：内外価格差を額（万円／トン）に置き換え、その額を輸入価格に上乗せする。
　　2）従価税：内外価格差を率（%）に置き換え、輸入価格にその率を掛ける。

国内保護の削減の必要はなくなる）（表 XI-7）、とされた。

EU は、国際的批判の多い輸出補助金について、数量ベースで 21%の削減に応じることと引き換えに、EU の直接支払いを保護削減の対象外とさせることをアメリカに認めさせたのである。

これによって、UR 交渉最大の問題＝農産物の輸出補助金の削減に決着がついた。

残る問題は、日本の要求（基礎的食料を関税化の例外とする）とダンケル合意案との調製となった。それが、UR 農業合意における「関税化についての特例措置」の導入となったわけである。

4．UR 農業合意：輸出補助金の削減・輸入制限の関税化・価格支持から所得支持へ

（1）3 分野（輸出補助金・国境保護措置・国内保護）における保護削減

それまでの農業交渉→合意は、もっぱら、国境措置（関税や輸入制限）を

めぐるものであり、輸出補助金や国内保護は、事実上、対象外とされていた。

UR 農業交渉→合意は、その両分野をも交渉・合意分野とした。そして、輸出補助金・国境保護措置・国内保護の 3 分野を、それぞれ独自の保護削減対象としたのである。輸出補助金が農産物の国際貿易を著しく歪めていたからであり、総体としての国内保護水準の削減が課題となったからである。

（2）輸出補助金の削減

UR の焦点をなした輸出補助金については、

① 1986－90 年を基準年として、金額（財政支出）ベースで、6 年間で 36％削減する。

② 輸出補助金付きの輸出数量ベースで、同 21％削減する。

③ 新しい品目に輸出補助金をつけてはならない、とした。

UR 農業合意は、輸出補助金の禁止ではなく、その使用に規律をかけ、使用を制限するということであった。だが、この合意以降、EU による輸出補助金の使用はほとんど見られなくなり、90 年代に入ってからは輸出補助金の使用はなくなったのである。

UR 農業合意は、1980 年代の国際農産物貿易の最大の問題であった輸出補助金の使用に、ピリオドを打ったのである。

（3）国境保護措置

① 関税以外の国境措置の関税化

UR 農業合意は、全ての「関税以外の国境保護措置（輸入制限、EU の輸入課徴金など）について、その内外価格差（基準年：1986－88 年平均の内外価格差）を関税化する」とした。輸入制限などを廃止して関税に置きなおす、としたのである。例外なき包括的関税化である。

② 輸入制限時の内外価格差を、そのまま関税に置きなおす＝高関税を認める

輸入制限を関税に置き直す時に、輸入制限の行われていた時期（基準年：1986－88 年）の内外価格差を、関税相当額として、それを、そのまま関税に置き直す、とした。基準年の内外価格差が大きければ、関税化した場合の関税額も自動的に大きくなる。また、関税額に上限などは、一切設定されていない。

UR 農業合意は、関税化した結果としての高関税を認め、それを前提としていたのである。

③　重要品目の削減率は、6 年間で 15％にとどまる

関税の削減率は、この関税化した品目も含め、「全品目の単純平均で 6 年間で 36％削減、1 品目最低 15％削減する」とされた。

単純平均とは、貿易額の大小にかかわらず、全ての品目を一律に扱い、それらの関税率を単純に合計して、それを品目数で割って、平均を出すことである。

品目数は、日本、アメリカ、EU ともに、1,300 品目前後に及ぶ。したがって、以上の意味するところは、各国の重要品目については、6 年間で 15％（年 2.5％）削減という最も低い削減率が適用可能となった、ということであった。

先回りをして指摘しておけば、UR 農業合意は、「関税以外の全ての国境保護措置を関税化する」という厳しい原則を設定する一方、その原則の具体的な実施においては、相当の柔軟性と現実への配慮を含んでいたといっていい。これは、UR の農業合意全体について言い得る。

④　関税化についての特例措置

この関税化について、「基礎的食料で、輸入が国内消費量の 3％未満、かつ輸出補助金を用いていず、生産調整が行われている」場合には、「一定の代償を支払うという条件のもとで、合意実施期間中、関税化の適用は行われない」とする「特例措置」(Special Treatment)」が、付け加えられた（囲み XI-1）。

囲み XI-1　関税化についての特例措置とわが国のコメへの適用

1) 合意実施期間（1995－2000 年）における関税化を猶予。

2) 代償としてのミニマム・アクセスの引き上げ：国内消費の「1995 年 3%→2000 年 5%」を「1995 年 4%→2000 年 8%」へ

3) 実施期間の終了時（2000 年）までに、特例適用国は、2001 年以降も関税化を猶予し特例適用を続けるか、関税化に移行するか、を決める。

4) 2001 年以降も関税化を猶予し続ける場合には、さらに代償として、輸出国が受け入れうる「追加的な譲許」を支払わなければならない。

5) 実施期間の途中で、「関税化に移行する場合：ミニマム・アクセスの増加は、年 0.8%[1)]（精米 7.6 万トン）から、0.4%[2)]（3.8 万トン）に減少する。

資料：*Agreement on Agriculture, Annex 5.*
注：1) 1995 年に基準年の国内消費量の 4%→2000 年に同 8%に引き上げていく場合の毎年の増加幅が 0.8%（精米 7.6 万トン）
2) 1995 年に基準年の国内消費量の 3%→2000 年に同 5%を輸入する（通常のミニマム・アクセスの）場合の年増加幅が 0.4%（精米 3.8 万トン）

コメについて、合意実施期間中（1995－2000 年）の関税化が猶予される、ことになったのである。

このように、コメ関税化の猶予が認められたのは、それについて、アメリカが同意したからである。コメ特例措置は、日－米 2 国間の合意に基づくものであったといえる。

包括的関税化を UR 交渉における基本的主張としたアメリカが、その実施について猶予を認めたのは、それに伴い日本側が支払う代償（コメのミニマム・アクセス）が、アメリカのカリフォルニアのコメ産業にとって、意味のある実利となり得るという見通しからであったとみられる。

日本は、合意実施期間中については、コメ関税化は実施しないという名目（“米は関税化の例外に”というこれまでの主張に合致し得る名目）を取り、アメリカは、自国－カリフォルニアのコメ産業に新しい有力な販路を確保するという実利を得たのである。

実利重視のクリントン政権が 1993 年 1 月に発足したことも、その背景にあったと考えられる。

（4）国内保護の削減

①　個別品目ごとではなく、トータル・ベースでの削減

国内農業保護政策のなかの「生産を刺激する政策」と「貿易を歪曲する政策」に伴う品目ごとの保護相当額〔価格支持作物の（内外価格差）×（生産量）＋（財政支出）〕を算定し、それらを合計した総額を6年間で20％削減する、とした。

これを個別品目ごとに行えば、当然、各国において、国内保護水準の削減を行う品目が出ざるを得ない。しかし、削減がトートル・ベースとなったことで、基準年（1986－88年）から1993年までの間において、保護水準の削減が20％を超えて大幅に進んでいる品目の削減額によって、削減が20％未満の他の品目もカバーされることになった。

こうして、アメリカ、日本、EUともに、国内保護の削減は、すでに20％削減がクリアされていることになり、削減の必要はなくなったのである。

これもまた、国内保護を削減対象とするという原則を設定したうえで、その実行については、現実的配慮を加える形になっていたと言っていい。

②　緑の施策と青の政策：保護削減の対象外

さらに、国内政策のなかで、保護削減を免除される政策として、

1）一般サービス（研究・開発・普及・検査など）
2）食料安全保障のための公的在庫
3）国内食料補助
4）生産から切り離された所得支持
5）収入保険・収入保障（所得セーフティ・ネット）への政策支援
6）災害救済のための支援
7）構造調整のための支援
8）環境政策の下での支出
9）地域政策の下での支出
10）生産抑制政策の下での直接支払い

が特定されている（表XI-8）。

表 XI-8　UR 農業合意における国内保護削減・免除措置
（緑の政策と青の政策）

種類色分け	措置	備考
緑の政策[2]	①一般サービス：研究・普及・検査・病虫害対策・販売促進・トレーニング・インフラへの支出	インフラ：電力網、道路等の輸送手段、灌漑施設、ダム・排水施設、環境計画と結びついた施設
	②食料安全保障のための公的在庫	
	③国内食料補助	
	④生産から切り離された所得支持	・生産量または生産タイプと結びつかない ・価格と関係しない
	⑤収入保険・収入保障（所得セーフティ・ネット）への政策支援	・3 年ないし 5 年（最高と最低の年を除く）平均の所得の 70％まで ・生産量または生産のタイプと結びつかない ・価格と関係しない
	⑥災害救済のための支援	
	⑦構造調整のための支援	
	⑧環境政策の下での支出	
	⑨地域政策下での支援	ハンディキャップ地域が対象
青の政策[1]	⑩生産抑制政策の下での直接支払い	・固定した地域・収量に基づく ・基準生産の 85％について

資料：服部信司『WTO 農業交渉 2004』農林統計協会、2004 年 10 月、p.26。
注：1）UR 合意の基礎となったドンケル合意案には入っていない。EU－アメリカのブレアハウス合意（1992）による EU の直接支払い、アメリカの不足払いが念頭。グリーンではないが、生産調整と結びつくということで保護削減免除に。
2）価格支持の効果をもたないこと、公的資金による政策であることが、グリーンの条件。

このうち、1）－ 9）の 9 つの政策は、生産から切り離された（生産の拡大に結び付いていない）政策であり、『緑の政策（グリーン・ボックス）』とされる。また、「10）生産抑制政策の下での直接支払い」は、生産との結びつきを残しているので、『青の政策（ブルー・ボックス）』とされた。

保護削減の対象となる、その他の政策は、『黄の政策（イエロー・ボックス）』と色分けされた。

このような国内保護・削減免除措置の設定が意味するのは、国内保護のあり方を、生産拡大に結び付く「価格による支持」から「生産から切り離された所得支持」の方向に促すということであった。

（5）UR 農業合意の意義

ウルグアイ・ラウンド農業合意（1993 年 12 月）は、

1) 1980 年代の最大問題であった輸出補助金の使用に規律をかけた。それによって、輸出補助金の使用に終止符を打った。

2) 輸入制限を廃止し、輸入制限下の内外価格差を関税に置き替え、それを削減した。

3) 国内支持のあり方を、国内価格を高く維持する「価格支持」から、価格によらない「所得支持・不足払い」への移行を促した。

輸出補助金の事実上の廃止によって、1980 年代−90 年代前半の農産物貿易の歪みは除去されたのである。輸入制限の廃止とその関税への転化は、各国の国境措置を分かりやすく透明なものとし、その現実的な削減を広く可能とした。

また、「生産を刺激する政策」「貿易を歪曲する政策」に伴う保護相当額を削減対象としたことは、各国の国内政策のあり方を、価格支持から直接支払いや不足払いへと移行させた。こうして、UR 農業合意の結果、今日に至る国際農産物貿易と各国における国内農業政策のあり方が生まれたのである。そこに、ウルグアイ・ラウンド合意の意義がある。

5．UR 農業合意に基づくわが国の約束と実施

すでに、コメについては述べているので、コメ以外の主要な UR 合意品目：乳製品と牛肉についてみておこう。

（1）乳製品

脱脂粉乳とバターについて、生乳換算量で 13 万 7,000 トン（1996 年度の国内牛乳生産量 866 万トンの 1.6％）を毎年輸入することが合意されていた。

しかし、この合意量が少ないために、それは、国内需給には、ほとんど影響を与えなかった。

（2）牛肉・豚肉

牛肉は、すでに、1991年4月に輸入自由化されており、国境措置は、関税のみとなっていた。アメリカの強い要請のもとに、牛肉の関税は、50%から段階的に引き下げられて、2000年には38.5%になるとされた[6)]。6年間で24%の削減であった。

同じく、豚肉の基準輸入価格（これと輸入価格との差に関税が課せられる。1986−88年平均1kg 581円）も、1995年から6年間で29%引き下げられることになった。

こうした牛肉の関税引き下げや豚肉の基準輸入価格の引き下げは、日本の国内需給に直接の影響を及ぼすから、牛肉には特別セーフガード（輸入急増時の関税引き上げ措置）が設定された。

それは、「四半期の輸入量が、前年同期に比べて 17%以上増えた時は、次の四半期から年度末まで、関税率を元の50%に戻し得る」というものであった。

日本は、1995年（合意実施の初年度）から97年に至る3年間において、牛肉について2回、豚肉について3回、セーフガードを発動した。

それは、輸入急増を一時的に抑制したものの、それ以上の輸入増への歯止めには、なりえなかった。

UR農業合意は、畜産物の国内輸入の経路となったのである。

注

1）USDA, "Agriculture and World Trade", Agricultural Outlook, Dec.1996.
2）USA, Economic Report of the President, 1989, p.424.
3）4）同上
5）日本の“コメ生産調整に伴う直接支払い”も保護削減対象に入る。
6）TPP合意（2015年10月）により、牛肉の関税は10年目に20%に、15年目に9%にまで引き下げられる。安い豚肉の関税（kg 482円）は、10年目に50円に、高い豚肉の関税は、10年目にゼロになる。牛肉の関税9%は意味のある国境保護となりえない。そこに、TPP協定の重大な問題がある。

第XII章　書評『食料自給は国境を超えて
－食料安全保障と東アジア共同体－』(豊田隆　著)

本書は、東アジアにおける「食料安全保障のための地域協力による新たな国際秩序の構築」が必要である、という問題意識の基に執筆された書である。

その国際秩序とされているのが、「東南アジア諸国連合（ASEAN アセアン：インドネシア、カンボジア、シンガポール、タイ、フィリピン、ベトナム、マレーシア、ミャンマー、ラオス、ブルネイ）10 か国と日・中・韓 3 カ国の 13 か国が 2012 年に発足させた「東アジア (ASEAN+3) 緊急米備蓄」(APTERR) である。

本書は、この東アジア米備蓄の形成過程とその仕組み、今後の課題について詳しく説明する。このテーマについての初めての本格的な書であり、そこに本書の貴重な価値がある。

まず、本書により、東アジア米備蓄の仕組みの要点と設立からの経緯を示しておこう。

1．東アジア緊急米備蓄の仕組み

① その目的は、東アジア地域の ASEAN：10 か国と日・中・韓における食料安全保障を強化し貧困を撲滅すること、大規模災害等の緊急時に備えることである。

② その仕組みは、

1）現物（現金）備蓄と申告備蓄からなる。

2）加盟国は、一定量の備蓄の申告（イヤマーク）を行う。

3）緊急時の初期対応として現物（現金）備蓄を放出する。迅速な対応として現金備蓄による放出も活用される。なお、備蓄期間終了後は、貧困の緩和に活用される。

4) 申告備蓄とは、加盟国が保有する在庫のうち、緊急時に放出可能として申告された備蓄数量である。その量（申告備蓄量）は、目下、日本25万トン、中国50万トン、韓国15万トン、アセアン8.7万トン、計98.7万トンとなっている。

2．設立からの経緯

2002年10月、「ASEAN+3」農林水産大臣会合において、「東アジア緊急米備蓄（EAERR）パイトロット・プログラム」の開始が承認された。

これを基に、2004年3月－2010年2月の7年間、「東アジア緊急米備蓄（EAERR）パイロット・プログラムが実施された。

これを背景に、2012年7月、東アジア緊急米備蓄（APTERR）協定が発効したのである。そして、2016年8月、東アジア緊急米備蓄は、国際機関として法人格を取得する。

3．東アジア緊急米備蓄の実績

その実績は、本書および農林水産省によれば次のごとくとされる。

① これまで（2002年10月－2017年11月の15年間において）、現物（現金）備蓄の枠組みにより、ASEAN 6か国（フィリピン、インドネシア、ラオス、タイ、ミャンマー、カンボジア）に対し、コメ3,000トン（約200万ドル、2億2,000万円）の緊急支援を実施した。年平均にすると200トン、1,470万円である。

② 現金備蓄（APTERR事務局にある予算を活用して現地での米購入等で対応）により、ミャンマー、インドネシア、フィリピンほかに760トンを支援。①と②の合計で年平均250トンとなる。

③ 以上が示すのは、東アジアにおける大規模な災害の発生、それに対応する大規模な緊急米支援はなかった、ということである。それは、アセアン諸国における米生産の拡充と自給力の強化を示すものといっていい。

4．日本の貢献

そこにおける日本の貢献は、以下のごとくであった。

2012 年に東アジア緊急米備蓄が発足する以前において、

① 日本は、日本の拠出を活用し、現物備蓄と現金備蓄事業として、日本の政府米による災害対策（台風、干ばつ、洪水）や貧困緩和対策を実施してきた。

② すなわち、現物備蓄事業を約 3,500 トン、現金備蓄事業を約 800 トン（現地にて米の調達）実施してきた。

また、2012 年に東アジア緊急米備蓄が発足して以降、

③ 2012 年 12 月、フィリピン台風の被災者に対する支援

④ その他、2 件の支援実施を表明したのである。

5．大規模出動がなかった背景＝東アジアにおける米生産の拡充

上述のように、東アジアにおいて、東アジア緊急米備蓄が大規模に出動する大規模災害は発生してこなかった。その背景には、東アジア諸国における米生産の拡充・発展がある。

今日のインドネシアの食料（米）自給率は 97.3％、フィリピン 88.3％である（表 XII-1）。

インドネシアは、主食の米について、ほぼ自給を達成しているといっていい。フィリピンの自給率 88.3％は、インドネシアには及ばないが、9 割近い。一部（平均して 1 割前後）を輸入すれば、緊急コメ支援に依存しなくても、国内需要にこたえ得るのであり、フィリピン・インドネシアの経済成長は、そうした輸入購買力の確保を可能にしてきたとみてよい（表 XII-2、表 XII-3）。

東アジアにおいて東アジア緊急米備蓄からの大規模な出動がなかったのは、その結果であったと考えられる。

表 XII-1　インドネシア・フィリピンの米生産量・輸入量（2015／16，16／17 年度平均）

（単位：100 万トン、カッコ内は%）

国	生産量	輸入量	国内消費量
インドネシア （人口 2.6 億人）	36.7 (97.3)	0.75 (2.0)	37.7 (100)
フィリピン （人口 1 億 400 万人）	11.4 (88.3)	1.35 (10.5)	12.9 (100)

資料：USDA, World Agricultural Supply and Demand Situation Estimate, Nov. 2017, p.24.

表 XII-2　インドネシア：食料不足人口と予測

年	人口 （100 万人）	食料不足人口 （100 万人）	全人口中の割合 （%）	1 人当たり 不足カロリー	穀物不足量 （万トン）
2017	260.6	16.8	6.5	222	41.6
2027	280.3	5.8	2.1	189	12.1
変化	19.7 （7.6%）	−11.0 （65.5%）	−4.4 （%ポイント）	−33 （14.9%）	−29.5 （70.9%）

資料：USDA/ERS, B. Meade and K. Thowe, International Food Security Asessment, 2017-2027, June 2017, p.14

表 XII-3　フィリピン：食料不足人口と予測

年	人口 （100 万人）	食料不足人口 （100 万人）	全人口中の割合 （%）	1 人当たり 不足カロリー	穀物不足量 （万トン）
2017	104.3	18.6	17.8	308	63.5
2027	204.9	12.3	10.2	273	37.2
変化	100.6 （96.5%）	−6.3 （33.9%）	−7.6 （%ポイント）	−35 （11.4%）	−26.3 （41.4%）

資料：表 XI-2 と同じ。

6．「米備蓄権」とその取引

著者は、「東アジア諸国の自助・互恵努力の現実化の運動」として、「米備蓄権の取り引き機構」の創設を展望する。

すなわち、「割り当て水準以上に申告備蓄在庫を確保した場合には、その備蓄量を米備蓄権として認定する。それを（東アジア・コメ備蓄機構において）財政負担する国へ譲渡し（た場合には）、その国において申告備蓄を作り出したものとみなす」。「米備蓄権の取り引き機構を創出することが、現場米の大量備蓄よりも現実的ではないか」とする。

著者も指摘するように、申告備蓄は、1979 年以降、一度も発動されていない。40 年近く、発動の必要がなかったのであり、その背景には、東アジアにおける米生産の拡充・発展があった。とすれば、著者の言う米備蓄権の取引機構の創出とともに、東アジアにおけるコメ生産力の安定化・拡充が強調されてしかるべきではないだろうか。(2017 年 12 月 12 日)

（とよだ・たかし　東京農工大学名誉教授）（花伝社、2,500 円＋税）

著者紹介

服部　信司（はっとり　しんじ）
東洋大学名誉教授　国際農政研究所代表

1938 年　静岡県生まれ
1962 年　東京大学経済学部卒。一時商社に勤務。
1983 年　東京大学大学院・経済学研究科博士課程修了。経済学博士。
1986 年　岐阜経済大学講師。
同大学助教授、教授を経て、
1993 年　東洋大学経済学部教授。
2004 年-2008 年　東洋大学経済学部長
2009 年 4 月　(財)日本農業研究所客員研究員
2009 年 6 月　東洋大学名誉教授。
2015 年 4 月　国際農政研究所を設立。

主な著書（単著）に
『アメリカ農業・政策史 1776-2010』（農林統計協会、2010 年）
『TPP 問題と日本農業』（農林統計協会、2011 年）
『TPP 不参加・戸別所得補償の継続』（農林統計協会、2012 年）
『TPP 交渉と日米協議』（農林統計協会、2014 年）
『アメリカ 2014 年農業法』（農林統計協会、2016 年）
『TPP 協定の全体像と日本農業・米国批准問題』（農林統計協会、2016 年）

アメリカ2018年《ねん》農業法《のうぎょうほう》
—所得《しょとく》保障《ほしょう》の引《ひ》き上《あ》げ・強まる農場《のうじょう》保護《ほご》の動《うご》き—

2020年 1 月24日　印刷
2020年 2 月 7 日　発行

定価はカバーに表示しています。

著　者　服部《はっとり》　信司《しんじ》
発行者　磯部　義治
発　行　一般財団法人　農 林 統 計 協 会

〒153-0064　東京都目黒区下目黒3-9-13
目黒・炭やビル
URL：http://www.aafs.or.jp/
電話　03-3492-2987（出版事業推進部）
03-3492-2950（編集部）
振替　00190-5-70255

U.S. Agriculture Improvement Act of 2018
-Income Assurance Level Raised, Farm Supports Movements Strengthened-

PRINTED IN JAPAN 2020

印刷　前田印刷株式会社
ISBN978-4-541-04305-4　C3033